乡村振兴创新实践与发展研究

刘濛　谢敬　郑杨◎著

吉林大学出版社
·长春·

图书在版编目（CIP）数据

乡村振兴创新实践与发展研究 / 刘濛, 谢敬, 郑杨著 . — 长春：吉林大学出版社，2023.6
ISBN 978-7-5768-2277-9

Ⅰ.①乡… Ⅱ.①刘… ②谢… ③郑… Ⅲ.①农村—社会主义建设—研究—中国 Ⅳ.① F320.3

中国国家版本馆 CIP 数据核字 (2023) 第 200425 号

书　　名	乡村振兴创新实践与发展研究
	XIANGCUN ZHENXING CHUANGXIN SHIJIAN YU FAZHAN YANJIU
作　　者	刘濛　谢敬　郑杨　著
策划编辑	殷丽爽
责任编辑	殷丽爽
责任校对	李适存
装帧设计	守正文化
出版发行	吉林大学出版社
社　　址	长春市人民大街 4059 号
邮政编码	130021
发行电话	0431-89580036/58
网　　址	http://www.jlup.com.cn
电子邮箱	jldxcbs@sina.com
印　　刷	天津和萱印刷有限公司
开　　本	787mm×1092mm　1/16
印　　张	8.25
字　　数	180 千字
版　　次	2023 年 6 月　第 1 版
印　　次	2024 年 1 月　第 1 次
书　　号	ISBN 978-7-5768-2277-9
定　　价	72.00 元

版权所有　翻印必究

前　言

农业不仅是乡村的主要产业，更是支撑国民经济建设与发展的基础产业。在我国逐步迈向新发展阶段的重要时期，党和国家持续关注农村稳定、农业增产、农民增收的相关问题。

我国是农业大国，长期以来国家和地方一直把农业放在国民经济发展的首位，国家及各地政府在乡村这一农业发展大环境中给予的经济发展支持力度逐年提升。国内经济学家提出"三农"概念，即农业、农村和农民，并围绕"三农"展开经济发展分析以及颁布相关政策，充分展现了我国对农业及其发展环境、发展方向的关注。

面对城乡收入差距较大这一问题，党和国家以"推动城乡融合发展，全面促进共同富裕"作为工作的核心目标，鼓励各地政府推动乡村振兴，结合乡村发展空心化困境，制定多项优化"三农"问题的政策措施，促使乡村发展日益兴旺，农民生活幸福感获得显著提升。

回顾过往，各地城镇化及工业化对乡村的影响更多在于未能将此类现代化发展红利协同分享给乡村，进而导致乡村在现代化发展环境中陷入了相对尴尬的位置。乡村振兴战略是党的十九大作出的重大决策部署，是新时代做好"三农"工作的总抓手。实施乡村振兴战略，并非单纯地围绕农业设置振兴目标，而是将"产业兴旺""生态宜居""乡村文明""生活富裕"等内容作为时下农业农村的发展要求，力求加速农业农村现代化，建立城乡融合发展机制。

总体来说，在我国实现全面现代化建设的过程中，乡村振兴是其中需着重实现的重要内容。在实施乡村振兴战略背景下，相关工作人员应明确乡村振兴的概念和意义，并结合战略了解各地乡村发展现状，进一步确定战略推行的相关政策。不同时期、不同地区的乡村有着不同的发展要求，面对各类发展困境，相关工作人员也应坚守信念，将促进农业发展、引导农民致富及美化农村环境作为时下重要工作任务，积极建设美丽乡村，并以此方向的创新发展成果作为推动我国民族复兴和国家富强发展前行的齿轮，为我国全面现代化发展提供切实助力。

刘濛　谢敬　郑杨

2023 年 5 月

目　录

第一章　乡村振兴相关理论分析 ………………………………… 1

第一节　农业与农业经济 …………………………………… 1
第二节　农业现代化分析及理论概述 ……………………… 2
第三节　马克思主义农业农村发展相关理论分析 ………… 4
第四节　乡村振兴理论关联农业政策分析 ………………… 7

第二章　农村金融相关理论概述及分析 ………………………… 10

第一节　农村金融概念界定 ………………………………… 10
第二节　农村金融相关理论 ………………………………… 10
第三节　普惠金融与农村经济增长相关理论 ……………… 13
第四节　农村金融发展对农村经济增长影响的分析 ……… 15

第三章　乡村振兴背景下农村发展与实践模式 ………………… 18

第一节　农产品品牌建设模式与包装设计 ………………… 18
第三节　农产品物流运输模式与电子商务模式 …………… 31
第四节　其他特色农产品产业模式 ………………………… 39

第四章　乡村振兴创新发展的视角——智慧农业 ……………… 46

第一节　我国智慧农业发展的现状 ………………………… 46
第二节　国外智慧农业的经验借鉴与启示 ………………… 51
第三节　乡村振兴战略下发展智慧农业的有效措施 ……… 58

第五章　乡村振兴创新发展的视角——绿色农业 ……………… 66

第一节　绿色农业的概念和相关理论 ……………………… 66

第二节　乡村振兴战略与绿色农业发展的相互关系 …………… 72
　　第三节　乡村振兴战略下发展绿色农业的有效措施 …………… 76

第六章　乡村旅游在乡村振兴战略中的作用 ………………… 86

　　第一节　乡村旅游助力乡村振兴 ………………………………… 86
　　第二节　乡村旅游特色项目 ……………………………………… 91
　　第三节　田园综合体的发展模式与建设路径 …………………… 94

第七章　以城乡一体化发展引领乡村振兴 …………………… 103

　　第一节　城乡一体化的内涵 ……………………………………… 103
　　第二节　城乡一体化的核心是城乡融合发展 …………………… 104
　　第三节　城乡一体化是乡村振兴战略的重要载体 ……………… 108

第八章　金融对乡村振兴发展的支持 ………………………… 114

　　第一节　乡村振兴发展和金融支持现状 ………………………… 114
　　第二节　金融支持乡村振兴存在的问题 ………………………… 115
　　第三节　金融支持与乡村振兴发展的机遇与挑战 ……………… 118
　　第四节　金融支持乡村振兴发展的注意事项 …………………… 119

参考文献 …………………………………………………………… 123

第一章　乡村振兴相关理论分析

第一节　农业与农业经济

为了推进中国农业经济学的理论进步，中国社会科学院《经济研究》编辑部、华南农业大学国家农业制度与发展研究院、中国农业大学经济管理学院、华中农业大学经济管理学院、南京农业大学经济管理学院、西北农林科技大学经济管理学院、中国人民大学农业与农村发展学院、浙江大学中国农村发展研究院、西南大学经济管理学院等9家单位联合发起"第四届中国农业经济理论前沿论坛"。[①] 此次活动在2020年11月1日举行，着重研究了近年贴近发展实践的农业经济相关理论。相关理论研究的讨论可为新时代推进乡村振兴战略提供借鉴，本章就此进行相关内容的概述及延展分析。

一、农业提质与高质量发展

农业生产质量的提升及农业经济的高质量发展，是实现乡村振兴的关键。时下，城市与乡村劳动力形成了双向流动的趋势，但从各地乡村发展境况分析，乡村劳动力"流入"阻碍依旧明显，且会对乡村基础产业——农业形成较大的影响。在缓解劳动力流动障碍方面，部分学者发现，政府对农业机械化发展的扶持，可坚定农户发展信心，有效地提升农业生产率。

二、资源环境与可持续农业

部分乡村地区的振兴发展需要以资源环境维护为主，利用"生态退耕"开展新产业，或依照环境政策优先做好生态维护，将农村经济眼光放得更加长远。有学者就此方向进行研究发现，生态退耕或会对粮食产量形成减量影响，但通过后期的复种调节可部分抵消此类负面影响。更有学者针对草原地区的牧业展开资源环境应用的相关研究，并了解到，通过城镇化人口转移可促进牧区草原生态的恢

---

① 石宝峰，赵敏娟，夏显力，等. 坚持农业农村优先发展：理论创新与实践探索——第四届中国农业经济理论前沿论坛综述 [J]. 经济研究，2021，56（5）：203 - 207.

复，但是牧业人口的转移如果不能实现较高的流动性，后期产业生产的恢复及牧区生态恢复的维持均会受到影响。因此，可持续农业发展与资源环境保护应成为乡村振兴中农业经济保持良性发展状态的重要内容。

三、农村社会变革

农村社会变革的主要内容为农技推广、农业电商发展、扶贫搬迁等。农业电商将更多新式交易理论引入农业经济发展规划的考量内容中，时下"去中间化"的农产品线上直销即可为农户省下更多销售成本投入，又可帮助农产品消费需求群体获取福利，避免因中间商参与而造成利润流失。部分学者研究了易地扶贫搬迁对农户贫困脆弱性的影响，发现此类搬迁可显著改善贫困户生活条件，可有效地控制贫困户返贫风险。

第二节　农业现代化分析及理论概述

一、农业现代化概念

农业现代化指的是传统农业发展到一定阶段，为了突破发展瓶颈，势必改变旧的生产关系，发展生产力，将农业建立在现代科技的基础上，广泛使用现代高尖端技术和现代工业设备来"武装"农业，用现代的经管理念来管理农业，打造出一个具有高产出、高质量、低能耗的农业生产系统，以及一个合理配置资源、更加环保、有较高生产率的农业生态体系。[1]

从现阶段来看，我国农业现代化发展更加着眼于农业产业结构优化、农村环境优化及农民生产参与体验优化等诸多深层次的要求，其中包含乡村振兴战略，积极开展乡村振兴工作可以促进农村第一、二、三产业融合，可以促进农村产业生产质效全面提升。

从发展推进角度分析，农业现代化是时代发展及技术发展的必然结果，但"农业现代化"在不同发展阶段的发展方向也存在着一定的差异。过去我国的农业现代化发展分别以"发展产业生产力"及"兼顾环保、效率优先、打造生态农业"为主要方向。现阶段，农业机械化生产及农业产业结构均实现了升级，更多国民关注农产品质量、田园农家乐旅游以及对乡村地域文化和历史文化的了解。乡村固有产业——农业及其他产业的全面协同发展需按照当下现代化发展需求，向更高层次的方向探索，与城市发展接轨，谋求更多自身生产及对外服务的创新实现方式。

---

[1] 张轶男.数字经济赋能吉林省农业现代化问题研究[D].长春：吉林大学，2021.

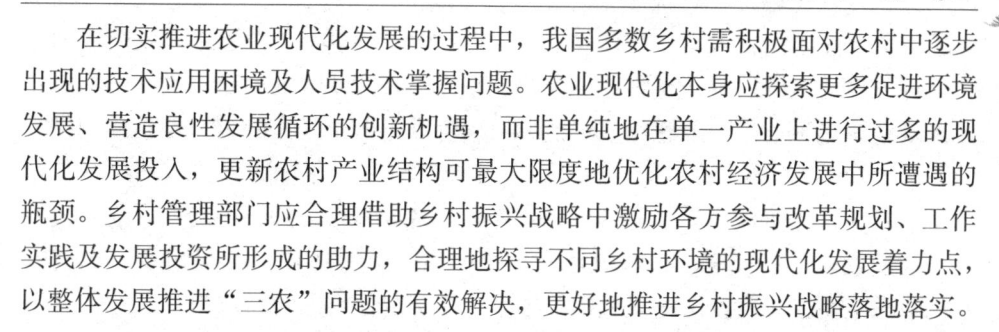

在切实推进农业现代化发展的过程中，我国多数乡村需积极面对农村中逐步出现的技术应用困境及人员技术掌握问题。农业现代化本身应探索更多促进环境发展、营造良性发展循环的创新机遇，而非单纯地在单一产业上进行过多的现代化发展投入，更新农村产业结构可最大限度地优化农村经济发展中所遭遇的瓶颈。乡村管理部门应合理借助乡村振兴战略中激励各方参与改革规划、工作实践及发展投资所形成的助力，合理地探寻不同乡村环境的现代化发展着力点，以整体发展推进"三农"问题的有效解决，更好地推进乡村振兴战略落地落实。

二、农业现代化理论概述

（一）改造传统农业理论

改造传统农业理论认为，传统农业不能为经济发展做出贡献。所谓传统农业，即为在自然经济条件下应用各类生产要素实现产业运营的农业。传统农业传承的魅力在于，每一代农民凭借自身经验及劳作体验，以口口相传的形式将农业生产的具体内容传递给下一代。传统农业环境下的农民相对缺乏或难以熟练地应用农业生产相关的科学技术，但是对自然界的变化会更加敏锐，对农业生产关联事物的分析也更加透彻。因此在实现农村现代化发展的阶段，应对此类传统农业进行有目的的改造。比如针对生产要素进行改进，将乡村农业生产涉及应用的土地、人力及器具作为改造的基础，融入现代化的管理技术及管理方法，涉及农业生产的新式技术融入则需要循序渐进。

相较于传统农业的口口相传，现代化农业生产技术则更讲求应用经验的积累，相关创新探索需由技术研发人员实现，常态应用中产生的经验积累对技术应用增效的影响相对薄弱。反向观之，利用培训教育等方式可轻松地实现对大量技术人员的养成，且从当代农业及相关的其他产业对其的供给、需求角度分析，传统农业存有家庭式自给自足的性质，相对难以支撑当下城乡经济发展交流及优质产品向国外出口的营销发展。由此可见，农村现代化发展应将着力实行传统农业的改造作为重要任务，改造传统农业理论，是我国以乡村振兴战略引导农村现代化发展期间，促进各地区乡村发展的重要理论。

（二）二元经济结构理论

二元经济结构理论是由英国经济学家威廉·刘易斯（William Lewis）提出，它对发展中国家存在的传统农业经济体系和现代工业体系两种不同的经济体系进行了分析，并将其命名为"二元经济结构"。在工业发展领先于农业后，城市、乡村之间的发展结构与经济发展水平便会呈现出较为明显的差距。美国经济学家乔根森对此理论进行了完善和修改，指出改变二元经济结构需要从农业经济发展入手，从农业现代化入手，协调农业剩余劳动力的转移。[①] 由于部分发展中国家农业可应用的人口过剩，且农业生产技术难以实现实质性的突破进展，国家的农业产量极易达到上限，因此那些未能参与到各类生产工作中的人口便会成为"零值劳动人口"，此类人口数量居高不下，也是导致发展中国家经济发展水平长期较低的原因。农业现代化本身可以触动农业经济向积极发展方向转变，能有效地提升农业发展先进程度，且国内各地乡村农业自身呈现出较为活跃的发展趋势，其周边城市便会对其给予更多关注，更多优质资源便会向乡村倾斜。

（三）可持续发展理论

农村现代化发展涉及诸多新式产业的建设探索，其部分基于原有产业进行拓展探索，另一部分为利用乡村环境、文化资源进行完全创新的探索。但此类探索及发展建设必然需要更多人力、物力及环境资源的支持，强化产业可持续发展规划，协同关注生态环境维护，保证绿色生产便成为农村现代化发展需着重实行的策略，可持续发展理论在此方向的规划中呈现出一定的应用价值。

不仅是农村现代化发展，可持续发展理论在近年来也普遍受到国民关注，且围绕生态保护主题开展的环境工作，已逐渐成为各国谋求长久发展和健康发展所着重关注的内容。只有在农村现代化发展中坚持可持续发展理论，未来的乡村发展才能存有更多资源可利用。可持续发展理论主要要求人们不能单纯地谋求行业快速发展而大肆破坏自然环境，应合理地调控乡村发展需求及资源取用度。

在乡村振兴的工作规划阶段，相关工作人员需全面了解乡村及周边城镇对地区生态资源利用的具体要求，以可持续发展理论引领农村经济发展与农村现代化建设，并将此理论切实地渗透到相关工作实行的方方面面，使乡村民众与乡村建设人员充分意识到实行可持续发展的必要性。

第三节　马克思主义农业农村发展相关理论分析

一、马克思主义对农业农村发展理论发展的意义

（一）引导农业农村现代化思想发展

随着社会经济发展的逐步推进，相较于其他发展问题，"三农"问题与其他问题之间的性质差异也愈发明显。我国无论是基于自身"农业大国"的发展优势，还是基于自身发展中国家依靠农业实现经济基础稳固的出发点分析，农业农

[①] 刘琴.统筹城乡发展促进二元经济结构转换的探讨[J].农村经济与科技，2020,31（12）：207-208.

村的"发展完善"与"地位夯实"都应作为新时代国家政策颁布及宏观管理着重关注的内容。

时下，信息技术及网络技术连通全球，各国之间贸易及文化交流日益频繁，我国在追求农业发展与世界接轨的同时，更应重视提升农业发展组织及民众、技术人员的福利待遇。在未来的国内建设规划中，应进一步地明晰农业农村的社会地位，持续强化马克思主义思想在乡村振兴相关领域的引领作用，这也是马克思主义农业农村发展理论在中国发展新阶段实现升华的重要体现。

（二）加速农业发展方式的延展探究

在政策及社会关注度的引导下，我国农业发展方式的延展探究呈现出多种多样的趋势。我国的农业蓬勃发展，但部分地区农业发展的优异之势，并不能直接代表当地的所有乡村均能达到此类优势中呈现的"上限"式的发展水平。因此，在绝大多数应用单一生产模式的农业发展大环境下，利用马克思主义农业现代化发展思想，进一步促进乡村农业发展结构的更新，促进乡村农业发展参与民众更新自身工作方式与思想，便显得十分必要。

在党和国家的正确领导下，我国农业现代化发展模式探索已初现成果。马克思主义农业现代化发展理论着重引导城乡整体发展，农业在现代化发展途中，必须尊重城市双向资源流动期间形成的产业创新需求及农产品质量的提升需求。在确定各项基准后，农业发展的速率便成为乡村振兴阶段需着重把控的内容。理论应用加速了发展方式的探索，但后续的探索成果应用及发展方式推广也需要通过实践来引领。未来凭借探索发展方式的落实应用，可依照成功案例总结出当前时期国内乡村发展谋求类型，也将进一步丰富乡村振兴建设探索。

（三）促进农业经营模式进一步创新

从历史角度看，我国的农业经历了漫长的发展过程，从最初的实验到确立现代化发展路径，经历了合作社、高级社、人民公社等，通过最终的探索和发展形成了适宜中国社会主义现代化发展的农业经营模式。[①] 国内乡村的农业经营接受了现代化环境引导，融入了更多新思想及新技术，其或将成为充分贴近时下农业市场需求产业发展的标准案例。但从长远发展角度观之，农业经营需适当地脱离既定的市场环境，既要尝试自主谋求更多创新模式，又能适当地占领市场，引领发展方向。乡村振兴重视"三农"问题中相对亟待解决的重点问题，但此战略同样期望原本存有发展优势的乡村，能在其原有的发展基础上实现迈进式的创新探索。时下电商销售模式引领的各产业经营发展趋势，同样蔓延到农业农村领域

---

① 杨睿.马克思主义农业农村发展理论中国化的创新与思考[J].农村经济与科技，2022，33（5）：132-135.

中，马克思主义农业发展理论对新式科技的融合应用相对认可，我国乡村农产品的销售如果顺利走上线上直销和与网络销售平台合作的发展道路，其经营模式也会随之发生变化。

二、马克思主义农业发展理论中国化创新成果

（一）稳固我国农业农村基础地位

农业成为我国时下发展着重关注的基础发展内容，其地位的确定，得益于马克思主义农业发展理论中国化的创新探索。我国出台了诸多政策支持农业发展，每一代领导人均重视农业的发展建设。随着经济全球化的推进，我国在世界经济、文化领域占有举足轻重的地位，农业作为始终支持我国蓬勃发展的基础产业，需要民众、社会、政府协同给予足够的关注，方可保持其基础地位。

在马克思主义农业发展理论的影响下，我国在面临诸多国内建设需求时，依旧将强化农业农村发展作为每一发展阶段的基础工作，体现了党和国家不忘初心、立足经济发展为基础，谋求农业高质量发展的清晰思路及坚定信念。这既贴合我国国情，也为我国农业农村现代化理论的创新探索奠定了坚实的基础。

（二）解决农业农村现代化问题

我国最早提出的"四个现代化"，其中便包含了农业现代化，随着改革开放的逐步推进，我国整体的经济发展呈现出蓬勃之势，农业现代化理论的应用实践及创新探索也跟随时代步伐不断完善，现已走向成熟的发展阶段。我国农业现代化发展需要引入现代的技术和管理模式，但需要关注和维护生产主体，即农民的主体性地位；有效地防止在现代的生产方式中让资本进一步对农民的主体性地位进行过度侵蚀。①

现阶段，信息化、城镇化已成为农业农村现代化的核心内容，乡村振兴相关工作更加重视农业的经营情况，尝试从科学规划、产业优化角度解决相关问题。我国农业发展至今，已取得了斐然成就，而马克思主义农业发展理论的中国化，在解决农业现代化问题时，给予了相对应的助力。我国结合该理论构建了一条适合我国农业发展的道路，此道路具备相对鲜明的时代特征，并在一定程度上展现了对我国农业发展的期望。

（三）完善城乡关系发展坚实度

2020年末召开的中央农村工作会议强调，要推动城乡融合发展见实效，健

---

① 刘田.中国农业农村现代化发展道路的未来展望——基于马克思主义东方农村发展理论的历史分析[J].贵阳学院学报（社会科学版），2021，16（4）：92-98.

全域城乡融合发展体制机制，促进农业转移人口市民化。① 可见，城乡关系协调及城乡经济发展差异始终是乡村振兴建设的重要内容。我国在马克思主义思想引导下，以支持农业农村发展为基础，提出了缩小城乡差距的相关战略，从产业丰富角度提及了协同第一、二、三产业发展的统筹规划。诸如"先富带动后富""城乡统筹发展""以工促农，以城带乡"等战略发展布局，为开展农业现代化建设奠定了基础，且理论认为，"城乡对立"会对社会主义发展造成极为不利的影响。国民在经济发展乃至各领域的发展中都应秉承团结思想，这是中华民族千百年来所形成的凝聚力。

第四节　乡村振兴理论关联农业政策分析

一、粮食生产支持

2022年，我国中央财政将继续为种粮农民提供并发放一次性农资补贴，以此稳定农民收入，调动农民的生产积极性。此类补贴主要对象为承担农资价格上涨且实际进行种粮的生产方，包括应用流转土地的种粮大户、农民合作社、家庭农场、自由承包地的农户及开展粮食耕种全程社会化服务的组织或个人。此外，对与粮食生产相关的农机购置及应用也有相应的补贴。

乡村管理部门需开展常态化粮食生产作业监测，可持续提升监测工作信息化程度，协同优化补贴发放及兑付方式。为提升补贴发放的科学性，乡村管理部门应将农户购置农机的具体作业量作为分布兑付补贴的参考对象，提升发放审核严格程度，规避补贴发放期间可能形成的问题。由此可见，上述监测的信息化作用便可得到体现，此方向的政策颁布或将通过改变农户需求，间接地推动节能、低耗、性价比较高的农机的研发。最后，围绕粮食和大豆油料作物，集成推广新品种、新技术、新机具，乡村应持续延展作物优质生产和高效生产的探索，尝试利用部分优先发展的乡村作为示范村，带动国内相关作物增产探索，逐步建设"绿色"农作物高品质种植示范田和高品质研发探索基地。

二、耕地保护支持

在耕地的地力保护层面，政府给予相应补贴，且此类补贴依照"一卡（折）通"的形式直接兑付，规避资金以任何形式遭受转移，强化资金发放工作的实施

---

① 王文隆，夏显力，张寒. 乡村振兴与农业农村现代化：理论、政策与实践——两刊第五届"三农"论坛会议综述[J]. 中国农村经济，2022（2）：137-144.

保障。在保证耕地应用"底线"的同时，国家也要求按照统一的规划布局、统一建设标准、统一组织实施、统一验收考核、统一上图入库"五个统一"要求建设高标准农田。

2022年，此类建设工作的目标数额是"1亿亩"，不难看出，高标准农田建设是针对产粮地区的支持政策，对应地区乡村应逐步有序地执行土壤改良、灌溉优化、农田输配电等工作的规划和落实。从基础设施建设角度入手，完善乡村农业生产建设，提升农业生产能力。国内特殊土质地区的土地保护也在此政策内容中，政策关注东北黑土地重点保护县，侧重"深翻土地"搭配"有机肥还田"，持续强化秸秆覆盖免耕播种等技术，加速高标准土地保护建设的推进。此外，政策要着重关注资源的利用，优化生产规律探索，利用耕地"轮作休耕"制度减轻部分地区土地生产压力。在休耕阶段，则着重进行土壤改良，为耕地保护"再添一把火"。

三、畜牧业发展

农业涉及产业不仅有种植业，畜牧业同样是其中重要产业之一。国家政策将目光优先放置在国民需求量高且存有一定食品加工及出口价值的奶业上，实行奶业振兴行动。除了持续向乡村推广各类支持养殖工作的先进设备，农民合作更需要尝试依靠地区奶源建设"奶农养加一体化"试点，利用自身的高品质饲养带动地区奶业，实现质量提升式的发展。奶牛饲养应用的饲料更应在接收、运输、加工等环节进行质效优化，合理地增设或更换对应设备，切实地从生产根源处落实优化实践，提升奶牛饲料的供给质量及供给能力。

畜牧业另一关联乡村经济发展的方向便是肉类销售，这与奶业产质提升策略相似，在饲养环境及饲养用料优化的基础上，大力支持"母牛扩群提质"项目等全产业链发展。政策同样支持生猪（牛羊）调出，鼓励更多地区实现"粮改饲"的改革发展，政策实行仅为对此类发展进行鼓励，但从现实意义论之，畜牧业的发展应依照各地产业发展境况进行更深层次的创新探索，才能有发展之势。

四、农业资源保护利用

资源保护与资源合理利用一直以来都是国内农业发展建设的重点，政策同样在此方面探寻了新的发展规划。针对面积广阔的草原生态保护工作，政策给予了相应的补助奖励。在河北、山西、内蒙古、辽宁、吉林、黑龙江、四川、云南、西藏、甘肃、青海、宁夏、新疆13省（自治区）及新疆生产建设兵团、北大荒农垦集团有限公司实施草原生态保护补助奖励政策，补奖资金用在支持实施草原禁牧、推动草畜平衡，有条件的地方可用于推动生产转型，提高草原畜牧业现代化水平。[①]与此同时，渔业同样被纳入此次政策的补助范围中，且成为国家规划的重点项目。在此方面，政策延展出新的探索方向，不仅在国家级海洋牧场建设方面给了支持助力，更对国家及沿海渔港经济区、渔业基地等地给予改造及维护的帮助。在大流域的江河区域与资源退化明显的海域开展渔业增殖放流，凭借外力辅助国内渔业进行恢复，逐步提升种群数量，优化水域种群结构。从实效分析渔业资源保护工作实行力度，保证改善、优化工作落实的价值得以有效体现。

五、农业防灾减灾

农业生产难以避免自然灾害的影响，但国家给予政策上的支持，令其在防震防灾方面获取更多的国家助力，使农业在灾后生产恢复能够顺利进行。对于农业的整体生产，中央财政均会给予适当补助，其补助支持的范围包含重大自然灾害及农业生物灾害，补助内容包含物资材料及材料储存服务。在疫病防控方面，我国相关政策对各地动物疫病管控相关的捕杀、销毁及养殖环节的无害化处理，都给予相应的补助。对各类常见动物疫病的疫苗及相关药物的采购、应用、存储乃至疫苗药物应用后的效果评测，也会给予对应补助。

针对防灾减灾等必行工作的"投保"，政策上也给予了相应的保险补贴，此类保险补贴在地方财政自主开展、自愿承担一定补贴比例基础上，中央财政对特定农业生产的保险给予相应的补贴支持。近年来，此类政策实行的保险补贴力度有所加大，对我国中西部及东北地区的种植业保险补贴比例统一提升到45%，此类扶持侧重展现了对地方特色农产品生产保障支持的优化。在防灾方面给予相应的财政补贴，属于国家协同分担农业生产风险问题的成本，并倾向于"保底"，是给予我国农业生产工作者的暖心之举。在受到政策补贴的鼓舞后，更多农业生产工作者会形成积极的发展态度，且形成更为强大的发展动力。由此可见，补贴政策"着力点"的优选很重要。

---

① 财政部 农业农村部发布2022年重点强农惠农政策[J].中国农机监理，2022（7）：8-12.

第二章 农村金融相关理论概述及分析

第一节 农村金融概念界定

农村金融是指与农村货币流通及信用活动相关的各类经济活动,是由信用、金融、货币及农村经济等元素组成。对农村金融的定义,诸多学者及专家给出了不同的观点,部分学者认为农村金融涵盖利用货币进行农村商品交流及利用信用分配农村资金的活动,可整体叙述为资金融通活动;部分学者认为农村金融服务于农村领域,但本质便是金融服务,且一定程度上受"三农"问题的影响。

从实际发展及服务结构角度分析,农村金融具有两项内在特征:其一,农村金融的目的为服务农村,更是时下助力农村经济发展的重要活动之一;其二,农村金融的具体功能表现为向农企、农户提供金融产品及服务,从而在资金需求方面提供相应支持。在乡村振兴战略背景下,农村金融是立足于农村,受不同农村环境及农村经济发展境况影响,遵循金融类经济服务特性的资金融通活动,合理地利用农村金融解决农村经济发展问题,是展现农村金融涵盖各类经济活动价值的要点。

第二节 农村金融相关理论

一、农业信贷补贴理论

农业信贷理论的研究基于农村产业发展的现状。此项理论认为,农业要实现产量提升及切实优化农村贫困境况,必须从外部注入政策性发展资金,并在此基础上,建立非营利性的专业金融机构。建立的金融机构必须满足乡村产业发展的各类资金应用及资金应用方的偿还规划需求,更需要保留自身金融业活动特性,因此农村金融贷款服务的利率往往低于其他行业。此理论说明了农村金融重视贷款偿还压力对地方农村发展形成的负面影响,在服务优化层面对农村产业长期发展规划给予了着重考量。此外，农业信贷补贴理论同样适合贫困阶层的特殊贷款。

论及农业信贷补贴理论，便不得不提及金融抑制理论。前者研究同样以后者为基础，更多学者针对我国农村金融问题展开相关研究，得出金融抑制理论。金融抑制理论认为，金融抑制使利率过低会导致民众不愿意进行储蓄，因此可调用的资金较少，金融机构也视自身利益获取境况提供服务，农村金融发展逐渐陷入困境。而农业信贷补贴理论出现于20世纪80年代前，其根据农业发展周期较长、农户经济利益受自然环境影响明显及农户储蓄能力低下等问题，论述了政府应对农村金融市场给予适当支持，激励农业发展的必要性。由于农业发展本身的特性，商业性金融机构较难对农业直接提供有效的资金支持。农村经济长期发展难以获得金融市场的信贷助力，更多农户及农业经营参与者便会丧失创新发展的动力，以致农村经济发展一直处于保守且落后的状态。

在政府调节干预下，金融机构可给予农业更多的金融支持，促使乡村建设工作对金融机构的吸引力进一步提升。但是，支持乡村发展的金融机构也需面对政府干预金融机构，以及因此导致的市场化机制逐步丧失的负面影响，农业信贷市场失去活力等情况，此时金融机构提供资金的应用弊端就会逐渐呈现，农业生产方也会形成错误的信贷服务应用思想。在此情况下，农业信贷资源的配置失衡，乡村内部贫富差距也将阻碍乡村经济发展，金融机构将难以实现长期的良性发展。

二、农村金融市场理论

随着时代发展的推进，农村居民的整体生活水平逐步提升，他们自身投入在农业生产方面的资金与手中的灵活资金数额也随之提升。农村金融市场理论认为，农村居民受生活发展期望引导，也同样会展现出支持当地农村银行储蓄发展的能力。较低的利息会降低他们进行存款的积极性，所以适当地提升储蓄利率也是促进农村金融市场正向发展的策略之一。

农村金融欲实现长期良性发展，应避免过度依赖政府提供的补贴。目前，获取信贷服务提供资金支持相对容易，或将导致农村农业发展推进人员难以在农业信贷服务申请阶段形成谨慎的行事态度，进而可能会导致后期资金回收困难的问题。不难看出，农村金融市场理论更倾向将农村金融引向市场化发展方向，期望利用"利率自由化"使金融服务机构实现内部补偿，以奠定农村金融良性发展的基础。论及农村金融市场理论，也应提及金融深化理论。金融深化理论基于麦金农–肖金融发展模型予以拓展，麦金农和肖认为，发展中国家存在相对严重的金融抑制现象，如果国家实行此类利率管制，或将影响金融体系的资金吸收，而凭借市场发展情况决定利率,并从利率分析金融市场资金供求情况,则对发展中国家金融市场的发展更加有利。①

金融深化理论主要有以下四点特征:一是金融资产存量的种类及期限增加,代表着经济总量增加;二是金融资产发展依靠国内储蓄,而并非国外资金资源;三是金融体系结构合理,其服务的专业化程度便会更高,金融机构的数量及规模也会逐步增加;四是金融市场利率反映的是投资机会,而不是消费期望。因此,利率更能代表现行资金的对应"价值",民众也应关注利率这一"价值"体现属性。两项理论的前后影响也相对明显。更有学者认为"金融深化"可消除"金融抑制",进而期望通过主张农村金融市场理论取代农业信贷补贴理论,减少政府对农村金融发展及服务提供的干预,并认为农村居民需要通过经济发展分析展开思考,从而实现农业资金发展及农村产业发展的优化。

延展至实践探索,此类理论过于"理想化"的弊端便接连展现出来。尽管较高的储蓄利率能吸引农村居民在金融机构积极存储资金,但后续的信贷运行成本也会随之提升。信贷运行成本一旦提升,农村资金也会随之出现外流的现象,这类问题不仅不利于农村产业及经济的发展,更会导致农业金融负向发展情况的逐步加剧。可见,农村金融市场理论同样不适合我国乡村经济发展环境。各项实践也直接或间接地证明,在没有健全的法律体系下,发展中国家很难在短期内形成完善的农村金融市场机制。②

三、不完全竞争市场理论

随着时间的推移,各类理论实践应用的经验实现了逐步积累,农村居民及乡村经济发展参与方均意识到,农村金融市场需要非市场因素及社会因素支撑,才能保证其稳定且良性地运行。基于此类需求,不完全竞争市场理论便应运而生。不完全竞争市场理论是基于农业信贷补贴理论及农村金融市场理论的实践应用,在全面权衡以往理论应用利弊后总结得出。金融服务的开展本身也需要政府支持,政府需为其提供征信、外部审计、信息咨询等服务,为农业金融交易的促成及后期合约的履行提供相应保障。

此理论认为,在信息不对称的农村金融服务市场环境中,政府对农村金融市场的干预需应用在"道德风险规避"与"逆向选择问题攻克"之处,且应保证适度干预。此类理论可引导农村金融良性发展,使整体发展更加贴合农村民众需求。不完全竞争市场理论即利用政府宏观引导及方向把控的作用,限制政府对市场的过度干预,还农村金融市场交易自由。

---

① 高霞. 麦金农和肖的金融抑制与深化理论及对利率市场化的启示[J]. 北方经济, 2008 (13): 81-83.

② 沈新乐. 农村金融理论研究综述及启示[J]. 时代金融, 2016 (26): 24-25, 28.

论及不完全竞争市场理论，便应提及金融约束理论。此类理论的推导依旧延续"金融深化理论"的实践应用。经济学家集中反思金融深化在发展中国家应用失败的原因，并探究适合发展中国家的新式金融发展理论。部分学者认为，发展中国家不适合在金融管理中遵循"完全放任"的管理原则，接受政府监管可一定程度上规范金融深化理论所产生的负面影响，但政府过度参与管控会形成金融抑制。

后续研究学者将政府适当干涉农业金融发展，协同进行金融发展监管及金融服务辅助的行为定义为金融约束。金融约束的目的是防止金融压抑，鼓励银行积极规避风险，避免金融约束转变为金融压抑。稳定的宏观经济环境、低通货膨胀率和正实际利率是金融约束的前提。同时，不完全竞争理论对政府的要求是不仅应从"宏观"角度干预金融信贷工作，更应在"微观"把控角度给予市场更多的自由。政府的适度管理也可根据不同乡村发展需求予以调整，这样既保证了政策管理实行的灵活度，又有效地规避了以往其他理论应用引发的各类问题，使不完全竞争市场理论具有较高的现实应用性及操作调控性。

第三节　普惠金融与农村经济增长相关理论

一、普惠金融概念及理论概述

普惠金融是为社会各阶层群体有效地提供金融服务的金融体系，在乡村振兴战略实行期间，它能很好地支持我国经济发展落后的农村地区，扶持经济弱势群体在自身所处地区环境中享受到金融服务。传统金融服务设置了较高的服务门槛，导致诸多贫困群体无法享受到传统金融服务，而普惠金融遵循令社会各类人群平等享受和接触金融服务的理念，构架自身服务结构，普惠金融体系也由此诞生。

普惠金融理论涵盖"农业信贷补贴理论""农村金融市场理论""不完全竞争市场理论""金融抑制理论""金融深化理论""金融约束理论"等。在此，笔者着重分析普惠金融对我国乡村振兴发展的支持原理。须知，乡村各类产业的发展不能单纯地凭借政府拨款，农户原本参与建设的产业获利及农村金融服务均是乡村实现新产业创新发展基础资金来源。想要高速地推动乡村振兴，应持续壮大农村产业业态、优化农业产业结构、增设农村农业设施。此类工作均需应用资金，因此金融服务可成为主要资金获取支持方，但是传统金融与农村发展建设存在一定排斥性，为切实地满足农村经济发展关联资金应用需求，普惠金融应运而生。现阶段普惠金融成为农村经济发展主要应用的金融体系，其能克服金融抑制及传统农业金融排斥性，更具备金融服务成本较低、金融服务农业迎合性等方面的优势。普惠金融将更多金融资源合理地分配到农村产业及经济发展中，给予我国各地贫困乡村以相对完备的金融服务接触与应用机会，促进了我国乡村振兴战略的发展进程。

二、农村发展普惠金融意义分析

乡村振兴战略的推行，促使国内诸多农村居民积极参与新式产业的建设探究，更有相当一批农村居民自身持有新产业建设资源，在整体农村新产业建设工作中具有权责关联，这就需要了解当前建设工作的资金获取渠道，农村金融服务应此需求便由此呈现。普惠金融优先将金融服务传递到国内各处需求信贷服务的贫困地区，为社会全体成员平等地提供所需的生产建设或产业建设资金。从实际应用角度分析，此类金融体系提供的金融服务风险较小，双方都能保持良好的服务互动关系。国内各地乡村农户在普惠金融体系中初步接触金融服务，对金融服务形成了有效了解，有利于在后期产业建设及发展过程中存有见识储备，进而接触到更多金融服务。传统金融服务也关注到普惠金融在农村发展中成功应用的情况，并尝试延展此方向的产品服务，给予我国农村经济发展及产业发展参与方以更多的资金支持，进而为农业企业及农户提供更加多样化的金融服务。

三、农村普惠金融体系发展问题及对策

（一）农村普惠金融体系发展问题分析

首先，农村地区多会出现建设资源匮乏的情况，普惠金融体系想要进入乡村服务范围，必然需要进行网点建设，前期的建设资金应用需进行一定程度的规划，才能保证后期服务发展过程中能实现建设成本的"回收"。同时，普惠金融体系建设也需要应用型金融人才资源，在体系建设初期需要从城市调用培训完备的人才，农村金融人才的培养则在后续发展过程中逐步进行。为保障金融体系建设初期的顺利进行及后续发展的可持续性，城乡之间的金融资源流动成本需要优先进行合理调控，而后再进行农村服务建设。

其次，现阶段面向我国农村经济发展的产品相对单一，且农村民众接触金融服务的经验不多，面对资金的申请及应用存有一定信用风险。当前农村地区建设的金融体系主要涵盖农村商业银行及政策银行，此类金融机构规模较小，且乡村环境中建设农村商业银行的利率相对较高。此外，乡村金融机构建设不同于城市各区金融机构建设，乡村与乡村之间距离较远，各村周边金融机构无法形成较为紧密的联系，更不用说体系的有效构建，就连信用风险把控所需信息的传递效率

也会受到影响，因此信用风险把控工作的实行难度也会随之提升。

最后，部分金融机构在乡村建设完成后，会受到经营效应追求期望的趋势，逐渐将更多的工作服务精力投向非农业贷款项目。从实际发展情况来看，我国农村金融机构做好了服务农村居民及农业建设的宣传，但其在后续的金融服务创新及金融产品研究阶段，并未坚守农村经济发展支持道路，而是将短期盈利作为机构运营的重点，进而逐步延伸到非涉农贷款服务。

（二）农村普惠金融体系发展对策探索

针对上述问题，农村普惠金融体系的建设优化应着重从"优化对应服务配置""创新融资形式""提升扶持专注度"三个角度开展。在"优化对应服务配置"层面，政府可在体系建设初期协助给予相应的扶持或补贴，促进城乡金融人才交流发展，优化资源双向流通。同时，做好金融设备引进和网点建设，对农村金融基础发展环境进行完善，普惠金融体系参与机构应做好协商，在初期规划阶段就做好平衡，避免相同类型的金融服务基础建设在体系构建初期重复出现。农村金融普惠体系应尝试贴合农业发展需求，逐步实现农村金融产品结构的完善与创新；应专注做好农村发展支持，将普惠金融服务思想贯彻到底，必要情况下可优先为参与普惠金融体系构建的金融机构设立助农目标，令各金融机构将助农事业摆在第一位。

在当地农村经济发展得到切实收获前，农村普惠金融体系应持续跟进农户资金应用及信贷偿还情况，对给予农村建设较多实质性帮助的金融机构，当地政府可以给予适当的表彰或奖金，以鼓励更多金融机构奋战在农村发展助力的第一线。各农村地区的政府应重视当地的经济发展与金融建设，落实好当地的农村供给侧结构性改革，针对普惠金融体系建设中所遇到的阻碍，出台一些推动帮扶政策，支持银行信贷投放，让银行信贷投放成为普惠金融体系的主力军，只有政府起好作用，才能有效地带动当地农村普惠金融体系的建设。[①]

第四节　农村金融发展对农村经济增长影响的分析

一、农村金融发展分析及其对农村经济增长影响

从相关的统计可以发现，我国为促进农村金融发展，已经给予了400亿元以上的支持，目前农业信贷也得到了良好的发展，其金额已经达到了380亿元。[②]

[①] 印小敏．普惠金融体系下我国农村经济发展分析[J]．时代金融，2020（5）：21-22.
[②] 刘昕．乡村振兴背景下农村金融发展对农业经济增长的影响分析[J]．辽宁经济，2019（7）：20-21.

农村金融发展对农村经济增长影响相对明显，我国诸多学者延展了此方向理论的探究，部分学者利用金融发展理论相关的分析方法研究得出了二者的相关性，在农村金融改革发展过程中，金融机构应明晰自身发展定位，实现金融服务的功能互补，农村金融体系建设初期的互补至关重要，做好此类工作，农村经济增长的阶段性发展成果才能更快得出。农村金融机构各自作用的发挥叠加起来，能起到促进农村经济发展的作用。部分学者分析了现代农业对金融服务的需求，认为农村金融应从过往的服务思路中脱离，适当展开创新，并应以适应现代农业需求为重，将农业现代化的发展作为重点服务支持对象，合理地增设新服务类型。

部分学者探究了农村金融市场供需情况，意识到农村金融市场存在供求不平衡情况，且认为普惠型农村金融体系可以支持相关金融市场的正向发展。更有学者关注农村金融制度的优化建设，认为农村地区相关政府应将农村经济发展作为政策制定的目标，保证自身支持、引导作用的充分展现。在实效验证层面，政府更应给出更多的关注。此外，有更多学者认识到，我国不同地区农村经济及农村金融发展的差异，各地相关支持政策的颁布也需要全面考量地区乡村及周边金融机构的发展需求。只有这样，政府才能保证二者均走向正确的发展方向。

有学者通过时间序列计量模型分析，得出农村金融发展与农村经济增长具有相互促进的关系。经济增长是农村实现经济发展目标后的具体表现，我国不同乡村存有不同的经济发展目标，其经济增长的具体展现也会存有差异，且部分存有发展优势的乡村，期望发展农业以外的其他产业，并以更新农村产业结构及农户经济发展思想为重，而此类发展对金融服务的需求则更加多样。

在面对贫困乡村时，农村金融服务对农村经济增长的影响多以"支持"形式呈现，而非"引导"。此方向相关理论的研究也更重视"供需平衡"，而非"以供给驱动需求"。在未来，部分乡村将发挥其经济发展的示范作用，在乡村振兴战略落实的大环境中，给予更多其他地区乡村以经济发展激励。此情况如切实形成，地区政府则应政策驱动乡村进行创新发展探索，而金融服务体系将作为其中协助创新的有效助力，与乡村经济发展共同前行。国内学者认为，金融可促进农村经济发展，但若想高效地促成农村经济增长，则需各地金融机构投入更多的创新探索精力，在服务及产品的规格更新层面争取做到更好。

二、农村金融发展及助力农业经济增长的建议

（一）科学建立农村金融信息收集中心

农村金融中心建设本身为金融服务需求，其促进经济增长的特性展现在金融发展促进农村产业的扩充，以经济发展带动新一波金融服务需求。政府方能给予此类信息收集建设支持，且能全面地了解农村金融服务需求及服务申请能力。在

延展探究层面，此类信息的收集能作为整体乡村振兴发展规划的保障，区别于城市经济发展，农村多数民众乃至产业经营户较难具备完备的金融服务认知，以及自身资金申领后，资金长期应用规划及金融偿还服务实行的思路。农村金融信息收集本身便是引导农民了解金融相关知识的过程，明晰服务申请及享受期间办事规划思想严谨度的重要工作。论及科学建立农村金融信息收费中心，其科学思想及科学分析具有两层含义。科学思想便是相关中心建立人员带来的先进思想，其中关乎哪些事务在整体金融服务申请、偿还等阶段是相对重要的，而科学分析便是金融机构在体系构建阶段需明晰的相关内容。由此可见，农村金融信息收集中心建立的价值都体现在农户及金融机构双方的互惠中，信息收集中心提供的服务既是农村金融服务有序开展的重要保障，更是金融机构了解当前服务乡村经济发展情况及民众经济意识的主要途径。

（二）逐步完善金融机构人才纳入标准

金融机构人才在机构建设初期往往从城市引来，但在后期，应着重培养支持农村发展大学生等，并积极将此类长期服务乡村的人才纳入农村金融服务体系的人才构成中。在此之前，农村金融机构应进一步完善金融机构人才纳入标准，为人才设置服务设立门槛。完善纳入标准的工作更应交付给机构中具有相对丰富经验的人员，且金融机构应在培训初期阶段积极邀请新入职人员，就当前农村经济发展境况给出相应服务优化革新策略。相较于熟练参与金融服务的"成手"，此类人员服务热情，且较易有新鲜的服务想法。金融机构应合理应用此类人士的固有优势，令其协助完善后期金融服务的标准，并利用其实现"反客为主"的金融机构人才纳入标准与规划。

（三）以现代化为标准构建农村金融体系

农村现代化是我国长期以来关注的社会发展主题，而农村经济发展相关金融服务的现代化，更是给予农村金融体系构建参与者及参与方的重要任务。须知，农村金融体系的构建并非一蹴而就，不仅需要耗费大量的时间、人力、物力，还需在创新探索、需求迎合、服务完善等各方面做好相关工作，将现代化这一建设思路贯彻于农村金融体系建设始终，是必行的工作原则。时下，数字普惠金融的发展日新月异，农村普惠金融的发展既是信息技术普及促成的必然结果，更是提升民众服务享受便利度、加速农业经济发展不必要资源、时间消耗的优先发展选择。可见，现代化带给农村经济发展及产业建设提供了便利的条件，也与时代发展同步，农村金融体系的服务对象可在"主动"与"被动"之间实现自我优化，有利于发展速率的提升，有利于乡村振兴目标的早日实现。

第三章　乡村振兴背景下农村发展与实践模式

从整体角度分析，农产品产业模式整体大致分为"生产模式""销售模式"两类。本章农产品产业模式分析的生产模式，主要围绕农产品自"原材料"至"商品"阶段相关内容——"品牌形象建设"与"包装设计"的模式探究；而销售模式，则主要围绕着时下兴起的电商销售模式探究及适合乡村振兴背景下农产品物流模式探究。我国农产品生产及销售工作发展至今，不仅存有诸多发展稳固且应用广泛的农产品产业模式，更存有迎合时代发展、产品市场需求及创新需求，且能展现农产品"生产衔接销售"整体性的其他产业模式。

第一节　农产品品牌建设模式与包装设计

一、农产品品牌形象建设概述

农产品品牌形象建设本身涵盖在"农业品牌化"工作行列中，而单从农产品产业发展角度来看，此类工作可有效地提升农产品在大众中的印象，提升农产品销售的附加值。优秀的品牌形象可以促使消费者对农产品形成较为明显的消费倾向，并且对初次了解产品的新客户影响效果更好。对于同农产品生产企业存有合作期望的其他企业，优秀品牌形象也可以大幅度提升生产方与其合作协商的成功概率。须知，不同环境中培育出的农作物及畜牧、渔业等产品或具有当地农业生产特色、文化历史及乡村建设风貌等相关内容，均可体现在农产品的形象建设中。同样，农产品品牌形象建设也对农产品产业经济效益的提升十分有益。

二、农产品品牌建设模式分析

（一）农产品品牌形象建设内容分析

1.品牌故事及文化的有效构建

除去农业生产及农产品销售框架，产品品牌形象的建设需要关乎品牌创建

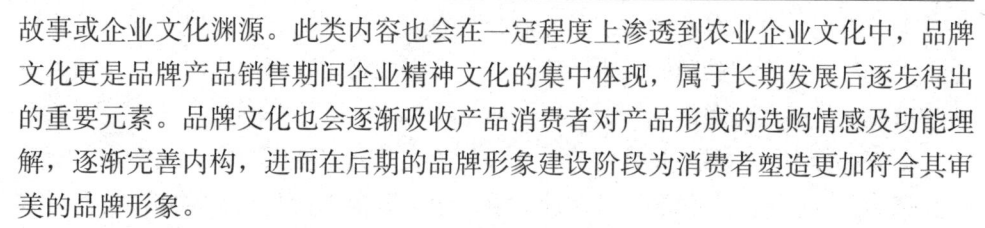

故事或企业文化渊源。此类内容也会在一定程度上渗透到农业企业文化中，品牌文化更是品牌产品销售期间企业精神文化的集中体现，属于长期发展后逐步得出的重要元素。品牌文化也会逐渐吸收产品消费者对产品形成的选购情感及功能理解，逐渐完善内构，进而在后期的品牌形象建设阶段为消费者塑造更加符合其审美的品牌形象。

农产品本身就是民众生活、餐饮必需品，且根据其产品种类的不同，需求客户的种类也会随之改变，但品牌故事往往是最能打动人，并激发民众产品选购欲望的"万能钥匙"。多数产品在生产销售后期，其逐步积累的品牌文化更体现了产品生产方为对应消费群体提供的一种生活选择，产品选购行为体现得更是一种生活态度。由此可见，在农产品品牌形象建设过程中，品牌故事往往是其形象建设工作的"启发点"与"引出点"，而品牌文化则是其形象建设工作的"渲染点"与"发散点"。无论是故事还是文化，都能赋予农产品一定的生命力，随着时间的推移，此方向的品牌建设工作也能促进农产品市场价值的提升，众多消费者也能在选购农产品时，感受到其品牌的"厚重"，进而对其留有更为深刻的印象。

2. 品牌定位及价值的有效明晰

品牌定位是产品参与市场销售需要优先确定的重要内容，在一定程度上决定了后续品牌建设发展的价格段位。随着农产品培育技术的逐步发展，同类型农产品的品质差异也得以充分展现。后续企业对产品的加工、包装及销售地的选择，也都会影响产品品牌的定位，但从品牌的长期发展角度出发，农产品品牌定位的最终确定，应从消费者对产品销售及应用阶段的认同感而定。随着品牌宣传的逐步推进，农产品的附加值也会逐渐显现，其品牌价值也将随之提升。只有优先找准适合自身产品初入市场的定位，后期凭借产品质量、加工水平、包装设计博取更多品牌价值的提升，才能在良性销售发展的引导下逐步树立品牌形象。简而言之，即品牌定位关乎农产品生产企业阶段性销售发展"命脉"，只有获得经济利益品牌价值才能逐渐提升其产品生产、销售过程中的重视度。需注意的是，品牌价值更多与市场口碑有关，抛开农产品本身质量，其代言人选用和企业其他社会性服务的参与也会对品牌价值产生影响。

3. 品牌形象中包装设计的有效规划

包装设计是消费者能直观感受且对品牌形象影响较为明显的重要内容，其涵盖品牌商标设计与产品本身内、外包装的设计。一般来说，我国农产品的销售起始点多为乡村内部及周边城镇，基于过往传统销售及宣传形式的影响，此类产品在进行规模生产及品牌形象设计时，其自身所处地区的地域文化融入或相对"必行"。比如东北黑土地所产的优质大米品牌——"万昌大米"，便是以生产地直接命名，其后续宣传更以"万昌大米，香飘万里"为口号，使其他地区人民迅速记住这个着重提及产地名称的农产品品牌。不难看出，其品牌设计以地区名称为核心，在推动自身发展的同时，也将家乡粮食优产的形象一同推广出去，令国内更多省市民众了解到此类信息。

更有部分农村产品在设计包装时，将地方文化元素融入文字、图案中，消费者在选购时，便会被其包装上的文化元素、色彩及形态所吸引。须知，消费者对产品的评价都是在应用后，而应用更是在选购之后。所以包装是吸引民众对农产品形成关注的关键，在品牌形象建设方面，其作为最直观的内容应在各阶段做好相关设计工作的规划。

4.品牌营销中视觉把控的有效探索

相较于上述建设"结果向"及"直观向"的建设内容，品牌营销则直接占据了农产品品牌形象建设的"动态向"位置。营销属于动态活动，上述各项内容都可通过营销进一步丰富其在消费者中的展示效果，但营销工作执行不力，就会导致农产品品牌建设发展的倒退。在营销阶段，乡村农产品应重视自身市场所属段位，做好与同类型产品的差异体现，且营销人员应从消费者角度出发，思考农产品的市场宣传策略。品牌营销作为直面市场竞争的品牌建设内容项，应在视觉把控层面做好工作规划。

时下应用新媒体平台进行产品宣传及品牌形象建设属于相对常见的模式，在选用代言人、宣传视频设计、线上宣传活动视觉及互动感优化等层面，都应加大资金的投入，尝试从此方向不断地提升农产品品牌营销传播工作的探索，利用平台的传播力及平台形象，完善农产品品牌建设及营销发展的正向推进。农产品相关的营销工作实行需要围绕一定的主题，不能过于浮夸，更不能脱离乡村振兴及农村经济发展相关环境背景。农产品生产企业更应合理地规避产品销售过于重视消费者对产品的接受度，进而偏离品牌形象建设及营销发展工作的实行初衷。

（二）乡村振兴与农产品品牌关系分析

1.农产品品牌形象建设可助力乡村经济的建设

从农产品品牌形象建设到助力乡村经济建设角度分析，乡村农产品形成生产规模，并达到了需要进行品牌建设的发展阶段，其本身便是一件惠及乡里的好事，而农产品品牌形象建设本身，更是促进乡村经济发展的助力之一。试想，乡村成功建设了属于自己本地区的知名农产品品牌，这便代表了当前乡村具有一定的经济发展实力。正如本书在前文的论述，乡村整体发展的推进不能单纯凭借政府的政策引导及资金补助。转换视角来看，农村农产品销售活动中品牌形象的建设，代表农村居民及农业生产参与组织在农业发展工作中的主观能动性，不再一味地跟随外界指导，而是自主为农村产业带来发展助力。

从另一角度来看，农产品品牌形象的塑造也是在为乡村打造特色经济。当农产品品牌在市场收获发展成果后，便会反向带动乡村经济发展，提升乡村知名度，吸引更多资源，为乡村农业的创新发展提供助力，并使乡村民众形成奋进发展的创业之心，为乡村其他同类型发展企业奠定基础。同时，跟随品牌形象成功建立了对应农产品的生产企业，可在其品牌效力的影响下，获取"同产地质量保证"的营销优势，为乡村的后续经济发展助力。

2. 农产品品牌形象建设可助力乡村文化的建设

农产品品牌形象的建设同样关乎乡村文化的建设。在农产品生产企业展开品牌形象建设时，其相关工作参与者会集中开展地方文化研究，甚至会直接邀请当地优秀传统技艺传承人前来指导包装设计及品牌形象塑造。此类活动提升了地方文化在各层次的关注度，乡村民众会意识到传统文化在当前的商业价值，进而形成助力文化发展的思想。当农产品销售到外地，其他省市的民众也会对展现的文化元素有了解的欲望，进而对农产品生产基地进行了解。他们在网络搜索相关信息的行为也会被大数据所"收录"，进一步提升地区文化相关信息在网上的流传度。

随着农产品品牌形象的逐渐推广，乡村管理层便可在乡村文化建设发展基础上，感受到更多来自外界的发展鼓励，品牌产品的热销更能带动地方传统文化发展的热度，能吸引更多外省游客来乡村，在此展开地道的文化"感知之旅"。即使农产品本身未能十分热销，其品牌形象建设因更多借助了当地文化，使乡村经济发展与文化发展形成互助，既帮助本乡农产品规避了营销发展的同质化，又促进了乡村文化建设对外关注度。而且随着文化元素在品牌建设的长期应用，二者的融合度也将逐步提升，农产品销售的文化价值也将由此进一步展现。

3. 农产品品牌形象建设可助力乡村品牌的建设

从产品营销发展来看，农产品品牌形象建设工作是乡村文化、经济实力的外在展示。乡村品牌建设也涉及乡村文化及经济实力的展示，具有丰厚文化底蕴的乡村在进一步促进文化发展的同时，更会以民众生活、产业发展及文化传承等多方需求为发展目标，协同优化乡村环境，尝试体现产业特色，举办以民俗民风为主题的娱乐互动。

时下，最快速地提升乡村品牌建设效率的宣传形式并非在农产品销售中展现品牌形象，而是与各类媒体组织合作，尝试从民众的文化娱乐角度入手，增设诸多农业发展关注的相关节目，尝试为乡村品牌增添更多无形的资产。而农产品产业作为其中一道以文化内容为主的"风景线"在节目中予以展示，进而起到丰富乡村品牌形象的作用。一般来说，在深挖乡村农产品企业品牌故事时，其发展历程便可逐步呈现，而乡村企业自身的发展历程又将侧面展现过往乡村整体的发展

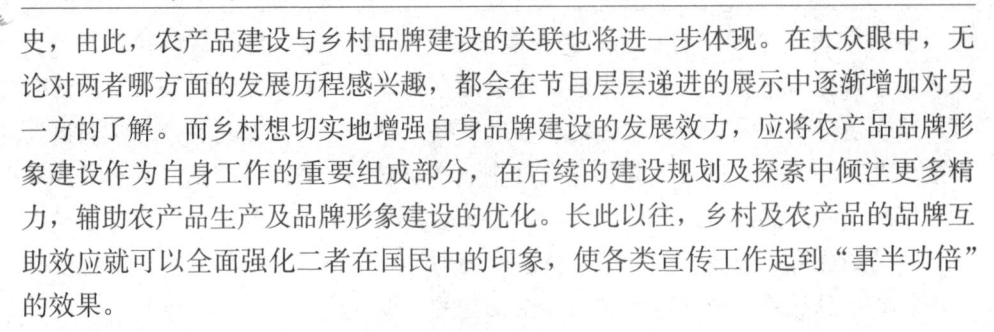

史，由此，农产品建设与乡村品牌建设的关联也将进一步体现。在大众眼中，无论对两者哪方面的发展历程感兴趣，都会在节目层层递进的展示中逐渐增加对另一方的了解。而乡村想切实地增强自身品牌建设的发展效力，应将农产品品牌形象建设作为自身工作的重要组成部分，在后续的建设规划及探索中倾注更多精力，辅助农产品生产及品牌形象建设的优化。长此以往，乡村及农产品的品牌互助效应就可以全面强化二者在国民中的印象，使各类宣传工作起到"事半功倍"的效果。

（三）乡村振兴视角下的农产品品牌建设模式

1. 区域品牌建设模式

受乡村振兴战略引导，政府、社会、民众将纷纷参与到乡村建设中。在农业经济发展层面，农产品品牌形象建设能吸引更多资源投入乡村的经济发展中。优秀品牌本身同样是获取发展资金的重要资本，但只有切实具备足够的特色，才能优先储备自身的市场竞争力，而后再充实乡村经济发展的实力。因此，区域品牌建设模式应运而生。

所谓区域品牌建设，便是在乡村区域优先专精于一项品牌的建设，此类模式相对适合尚未呈现出农业发展特性且具备诸多农产品品牌建设发展资源的乡村，乡村管理部门在"范例"农产品生产及销售方向出现"犹豫不决"的情况时，部分农产品生产方可"毛遂自荐"，通过在集中发展规划会议中阐明自家产品的发展优势，并初步依照乡村经济发展思路做好后续品牌形象的建设工作，从侧面展现后期相关工作的开展能力。而后，乡村管理阶层人员应从自荐生产方中择优选择培养对象，以此提升产业发展成果及后期品牌建设的成功概率。行此策略的原因，在于后期农产品培育、生产、销售及相对必行的品牌建设工作中，均存在众多不确定因素，充分利用此种培育形式，最终建设区域品牌的成功率也将随之提升。在此培养模式的引导下，可以形成一大批具有乡村特色、信誉可靠且品质上乘的农村农产品品牌，但乡村管理部门应秉承培养初心，最终确定并切实扶持一项农产品品牌成为区域品牌，或利用"产品促乡村知名"的形式，尝试在对应产品的市场中打下坚实的发展基础，并以其为后续乡村经济发展的核心内容，延展更多其他产业的发展。比如"万昌大米"，对应县城可结合其品牌的知名度，在当地增设"稻田观览"与"劳作体验"相关的旅游体验活动，吸引更多粮食消费者及产品忠实消费者参观水稻种植区域。在展示乡村风情、发展旅游产业的同时，令更多国内民众了解万昌周边乡村，最终实现乡村品牌的建设。

2. 文化自信建设模式

文化自信建设模式则相对侧重农产品品牌建设中文化内容的渗透，即为"利用乡村文化资源辅助品牌建设"这一形式。我国民俗文化历史丰富，各地的生活习惯、地理地貌及结合当代民众发展需求促成乡村产业结构，展示了当地极具特色的乡村文化。多数本地人难以意识到身边乡村文化的浓厚及价值。因此，可启用文化自信建设模式，建立在文化主导乡村振兴背景下的农产品品牌形象，优先调动乡村民众文化自信情绪，营造乡村环境文化建设氛围，提升文化宣传力度。

在此阶段，乡村民众或许会对早已"习以为常"的当地文化形成新的理解，在其他乡村建设工作中，也会展现出相应的文化传播热情。当乡村农产品需进行品牌形象建设时，相关生产的民众也会关注到自身产品对乡村发展的正向影响，进而利用文化自信进一步带动乡村地区文化对外宣传，令更多人知晓农产品独具魅力的一面。在文化自信的引导下，农产品包装、商标设计人员也会在自身工作中尝试更多的巧思设计，进一步打动产品消费者，又能充分展示乡村本地人士对乡村文化的热爱程度。此类模式建设的农产品品牌，其自身文化价值较高，且文化价值促进产品销量提升，乡村民众的文化自信感也会进一步提升，进而促成相关内容的良性循环。

3. 生态文明建设模式

在乡村振兴战略中，乡村生态文明建设也至关重要。尽管农产品本身的生产依附于自然环境，其资源利用多以可持续发展为基础，不会对乡村生态形成不良影响，而此类行为可作为品牌文化投入到品牌建设工作中。生态文明建设相关工作的执行往往充分渗透在乡村建设各领域，农产品生产本身便是此类建设工作受益明显的一方，其自身品牌建设中，应积极纳入生态文明元素，这本身便是对生态文明建设的一种支持。启用此类农产品品牌形象建设模式，要求产品生产企业在品牌文化呈现阶段，侧面介绍其在乡村生态文明建设及生态维护工作中做出的努力。时下，国内民众均重视绿色环保、生态维护及可持续发展话题，绿色农产品的推出能激发其对产品及品牌形象的关注。在生态文明建设环境下，可利用本地资源，在农产品生产过程中凸显乡村农业发展特色，并利用当前农产品品牌形象建设工作，全面促进当地产业在生态维护及生态文明建设工作中展现出更多积极的正面态度。

随着企业发展吸引了更多乡村民众对农产品品牌形象的关注度，乡村生态环境及文明建设也将吸引更多的助力。有成功案例在前，更多乡村品牌也将延续此类模式进行形象建设，持续为乡村生态文明发展提供助力。"绿水青山就是金山银山"，充分利用生态文明建设模式推动乡村农产品品牌形象建设，可进一步完善乡村环境相关思想的全面渗透，使乡村在循环共生的环境中逐步摸索新的经济发展之路，在享受经济发展带来知名度的同时，充分享受良好生态所带来的秀丽风光。

4.城乡互助建设模式

乡村农产品的销售运输方向多为周边城市，形成规模后，需要进行品牌形象的建设，更应借助城市发展给予其帮助，才能在整体发展阶段收获更多。因此，利用城乡互助建设模式，可较好地解决农产品品牌形象完善过程中可能遭遇的各类问题。须知，产品自主销售形成的产品印象，能为品牌建设所用的内容相对较少，品牌形象的建设多需"从零开始"。在此阶段，城乡互助建设模式能给参与品牌建设工作人员更多的灵感，部分城市产品品牌建设的经验也可让其加以借鉴。城市是农产品需求方，其提出的建设建议如果产品生产方能采纳，城市消费者也会感受到需求被理解、建议被尊重的幸福感。此类"互助"更多指的是城乡人才资源的流动，更多品牌形象建设人才从城市到农产品生产企业中，为其出谋划策。

一般来说，农产品生产企业想走向更为广阔的发展天地，必然需要利用自身经济活动的优势，让更多人才加入乡村振兴战略的工作中，并逐步将其引导到农产品生产销售相关的各类工作中。乡村固有人才具有积极发展推动的热情，但企业需要按需展开人才资源的扩充及合理利用，将品牌形象建设工作置于优先行列，利用可用资源对发展中遇到的瓶颈有效攻克。

三、农产品包装设计概述

农产品包装设计是产品销售追求外观形象及优化农产品储存、运输条件的相关工作。现阶段，我国农产品包装设计的水平逐步提升，在生态农产品包装设计上，更多相关行业的工作人员结合乡村文化背景、市场需求、民众审美意识、产品本身质量及形态特点进行包装设计。同时，农产品包装的"技术性""实用性"设计会更显重要，针对不同产品的运输、储存需求，农产品的包装设计也将呈现不一样的特性。比如，粮食产品常见的包装材料多注重"结实"这一特性，以求后期运输安全，不会出现包装破损等问题，还有水产品等需要保鲜，则需要选择密封性好，兼备适用消费者后续冷藏存储的包装材料。随着乡村振兴工作的逐步推进，我国农业生产企业应积极跟随时代步伐，尝试在农产品包装设计上进行更多的改进与创新。

四、农产品包装设计模式分析

（一）农产品包装设计特点分析

1.功能性特点

从应用角度来看，农产品包装本身的功能性是包装设计阶段需要着重关注的内容。农产品包装功能性涵盖产品包装的"容纳性""保护性""产品信息展示性"及"宣传性"。

容纳性指设计出的包装能按照生产方的需求将所设立的规格或数量的产品容纳在包装袋中。在某种程度上,容纳性与生产规格及产品本身特性存有一定关系。比如,部分农产品需要密封,则在设计产品包装时,也要考量整体包装在真空收缩后是否便于运输、储存和陈列销售。

保护性指包装应实现对农产品本身完整性的保护,此类特性涉及产品运输过程,最直观地展现包装功能性的部分。比如,鸡蛋这类易碎的农产品,其包装的保护性则展现在"支架结构"上,包装中为每一枚鸡蛋都留有放置的位置,且包装材质相对较硬,可在一定程度上抵御外部的冲击。

产品信息展示性则是越过包装材质、形状这类本质特性,展示包装功能性的特性。产品的包装如果能简洁明了地传递出产品"卖点",就能有效地促进消费者的购买欲,包装的色彩与图案应呈现出食品质量安全标志等信息,都涵盖在产品包装设计的功能性特点中。

宣传性的服务对象为农产品生产方,加深包装设计结合产品装入的状态能给予消费者以美的观感,并且能通过独特的形态给予消费者以深刻的印象,那么展现便是相对成功的。在消费者使用方面,更多关注的是农产品包装使用的便利性。比如,方便拎动、方便拆开、方便分类丢弃,此类功能特性在产品定位稍高的农产品中有所展现,可作为包装设计中的加分项,同样属于"人性化"特性的一种。

2. 人性化特点

从优化应用的角度来看,农产品的包装设计更应兼顾"人性化"的特性,这也是帮助农产品提升市场竞争力的加分项。在人们日常生活的产品选购期间,部分追求实际应用性价比的人群会因包装的"重复利用""造型美观"而继续进行选购。比如,超市常见的"装篮鸡蛋"设计,部分中老年人会认为其中的篮筐可在后期用于别处,包装的再利用为农产品选购性价比的提升做出了贡献。部分人群也会视包装材质、结构的安全性及应用的便行性进行农产品选购。比如,产品包装袋带有便于拎取的带子设计,或内包装在"开袋即食"的撕开部分设置了便于打开的缺口设计。包装的人性化特点切实照顾到消费者的应用及选购感受,做到了在包装设计阶段切实遵循"以人为本"的设计原则。比如,将此类包装设计特性考量到更高的阶层,则需要关照产品运输及销售方产品陈列的便利性,进而全面考量产品包装在搬运及多个产品叠放时,产品包装需要面对的承重及抗压问题,尝试通过合理的选用及结构优化提升产品的包装质量。总之,农产品包装设计人性化是针对各方需求的特性,且产品服务的对象也是各类人群,着重考量此类特性,可有效地促进产品销量的提升,为其在产品销售市场打下坚实的竞争基础。

3. 生态性特点

时下生态农产品的培育及销售广受政府及百姓的关注,此类农产品的包装设计需要兼顾生态性特点,通过包装的材质、肌理及纹样等视觉直观元素刺激消费者对生态产品的购买欲。在包装的辅助下,农产品的生态美感可越过包装呈现在消费者面前,且生态性包装设计均需一定程度地参考农产品本身产地的生态文化元素,合理地应用设计美学及生态理论,有效地传递来自大自然生态的质朴气息。常见的生态包装有竹子、树叶、稻草及棉麻等,且部分农产品本身存有较强的自然亲和力,其在销售阶段包装的生态性展示则可进一步为其加分。生态型包装给予消费者的是优质的情感体验,且同步传递出了农产品产地地区生态文化信息。在生态农产品生产、销售发展日益兴盛的当下,尝试着重拓展包装生态性设计理念,可一定程度地推动包装设计发展。

(二)乡村振兴视角下农产品包装设计侧重分析

1. 创新设置包装造型,合理优化包装结构

乡村振兴战略鼓励各地乡村在经济发展及产业发展道路上进行合理创新,农产品生产及销售作为农业发展重要的组成部分,其在包装造型设计及包装结构优化等工作的实行阶段,应秉承创新精神,结合不同农产品的特性,尝试利用更多新材料及新技术为产品创新设计包装样式,以求在产品销售阶段能充分吸引消费者注意力,并以此为整体产品宣传的重点,逐步博取产品对应消费群体的偏爱,进而确定自身包装设计优势的存在,在市场竞争助力的带动下高效发展,为乡村民众带来切实的经济发展收益,使农产品生产、销售工作的经济价值得以充分展现。

多数民众相对熟悉纸盒包装的形式,并认为其所传达的信息为"包装成本呈现直观,对应产品品质较高"。相较于国人倾向于在超市中购买散装鸡蛋习惯的不同,国外纸盒包装鸡蛋的情况更为常见。国内优质农产品可适当参考其展现的创新思想,逐步优化包装设计中独特元素的呈现效果。比如,过往盒装鸡蛋的包装均为长方形纸盒,而部分鸡蛋的销售方将鸡蛋纸盒包装改为三角形,盒内鸡蛋容纳量并未因此减少,但三角形的包装设计则给予消费者以"台球"的既视感,纸盒包装外层纸质提手部分的黑色设计也给予消费者以"时尚""新潮"的观感。三角形的包装盒形状给予销售商以更多商品陈列的创新思想,结合此创意,鸡蛋的包装设计优势或将进一步展现。

乡村振兴战略引导本身存有一定发展优势的乡村,其农产品生产及销售可在现有基础上向上延展,在生态农产品产业领域进行更多探索,而上述创新包装设计思路,则相对适于此类产品采用,起到"锦上添花"的销售助力作用。

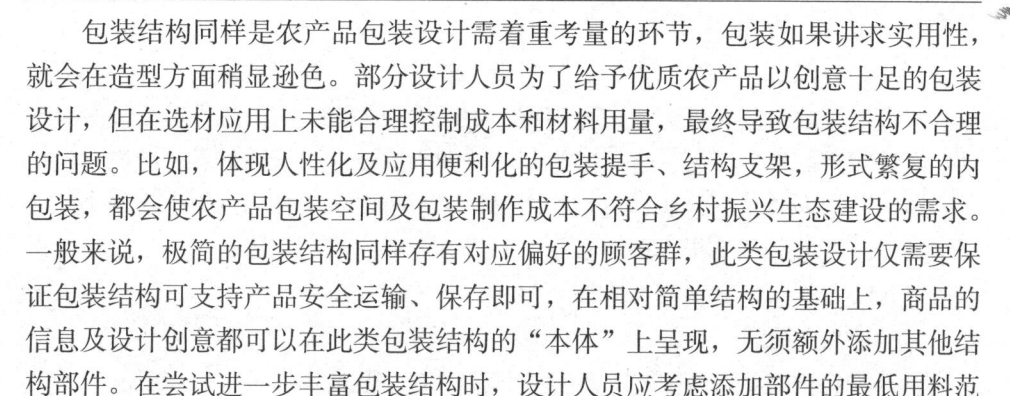

包装结构同样是农产品包装设计需着重考量的环节，包装如果讲求实用性，就会在造型方面稍显逊色。部分设计人员为了给予优质农产品以创意十足的包装设计，但在选材应用上未能合理控制成本和材料用量，最终导致包装结构不合理的问题。比如，体现人性化及应用便利化的包装提手、结构支架，形式繁复的内包装，都会使农产品包装空间及包装制作成本不符合乡村振兴生态建设的需求。一般来说，极简的包装结构同样存有对应偏好的顾客群，此类包装设计仅需要保证包装结构可支持产品安全运输、保存即可，在相对简单结构的基础上，商品的信息及设计创意都可以在此类包装结构的"本体"上呈现，无须额外添加其他结构部件。在尝试进一步丰富包装结构时，设计人员应考虑添加部件的最低用料范畴，灵活运用生态环保设计思路，可以在结构添加或缩减的设计部分进行尝试，利用极简设计思路提升包装美感。

这里同样以鸡蛋包装结构设计为例，鸡蛋本身相对脆弱，包装结构既要保证蛋体的有效包裹，又要做好各方受力的有效抵抗，但遵循极简的结构设计思路，则以安全保护为重点。如能切实保护鸡蛋在搬运、拿取阶段不受破坏，且不会影响鸡蛋销售前后的静止状态，则可适当舍弃"全包裹"式的包装结构，并在便携角度为纸盒结构添加可手握的空间即可。比如，国外鸡蛋产品利用相对环保的牛皮纸材质制作纸盒，并利用榫卯结构强化了包装结构的稳固性。从消费者角度来看，此类鸡蛋包装因结构简单，打开、取用相对便利，且整体纸质材料的应用相对克制，在鸡蛋取用后，剩余的包装可信手折叠，减少在垃圾桶中的占用空间，这一特点是过往传统鸡蛋纸盒所难以实现的。由此可见，包装结构设计持续优化不仅能给农产品消费者更多实用的"惊喜感"，还能为城乡的生态维护做出贡献。

2. 着重应用生态材料，合理应用优秀工艺

生态农产品在包装设计可选用生态材料，主要是为展现农产品自身的特色，但从乡村振兴策略形成的影响考量，应积极选用生态材料设计各类农产品的包装，提升生态材料在农产品包装设计中应用的普遍性，既能体现乡村产业对乡村生态发展的支持，又能树立生态助力农产品的品牌形象，呼吁更多城乡居民关注生态环境保护及自然资源的开发利用。

一般来说，农产品包装的生态材料选择，应优先考量农产品种类、保鲜需求、产品规格及产品地域文化特性。部分农产品需利用冷链物流技术实现运输，其包装的生态材料选用也需要适应冷链运输存储空间，且"生态材料"一词也可从另一个角度理解——易降解，对环境友好的材料。从长期发展角度来看，此类材料的选用无论对城市还是乡村的生态发展都能起到协助的作用。

以下着重分析几类符合上述标准的包装材料。

（1）纸质材料

纸质材料成本较低，其生产原材料不仅取材便捷，其降解效果更佳，部分纸质材料包装可通过废物处理实现再利用。为了实现柔韧性、耐热性、防潮效果及油污隔绝效果的提升，多数农产品包装均选择牛皮纸这类纸质材料。纸质材料作为包装，其印刷效果同样优异，且纸质材料能给消费者一种贴近原生态健康的质感。关于纸质包装的手提部分，纸箱可利用麻绳等实用且坚固的材料，纸袋可直接利用与袋身相同的材料制作手提。

（2）麻布材料

麻布材料由植物纤维制成，相较于纸质材料，其柔韧性较强，且具有一定的透气性。麻布材料制成的农产品包装可循环利用，在产品取出后可直接用来盛装其他物品。尽管麻布包装的农产品在普通超市和普通民众的家中并不常见，但在体现生态农作物的原生态特性层面却表现得十分优异，与麻绳一并使用，体现出的自然之气便扑面而来，能给予消费者以强烈的质朴美感。

（3）草类材料

草类材料想要实现农产品包装中的实际应用，应通过捆扎、编织等形式形成草制品，而后才能在产品保护的过程中体现其应用价值。之前提及的"鸡蛋装篮"便属于草类材料的应用范例。常见的应用在包装设计中的草类材料有玉米皮、小麦秸秆及蒲草等。王佩之、甘德欣、邱志涛在《湘西腊尔山区草编工艺与农产品包装设计研究》中提出：作为湘西腊尔山对外输出的热销农产品，其外包装与湘西草编技艺相结合，为草编技艺提供了新的宣传出口。[1] 深入挖掘湘西草编的文化内涵和文化底蕴，是有效地解决留守老人问题和草编工艺继承创新发展问题的成功案例。从实际应用角度分析，市面上利用草编工艺制作鸡蛋篮这类农产品包装的实践情况较多，更有利用此类工艺将草编篮做成极具观赏性的动物形状，令人在赏心悦目的同时，又能感受到产品所带来的乡村风情。

（4）竹质材料

民间糕点竹叶粽便是使用竹叶包裹糯米制作而成，在南方以箬叶作为包装材料，因其含有多种氨基酸，对人体健康有益而被广泛使用。将竹子用在产品包装设计中，除了能在第一时间向消费者传递竹子本身清香气息外，还能给人们相对强烈的"回归自然"的选购感受。一般来说，竹质材料在粮食包装设计中的应用较为常见，且本身自带的天然属性能赋予粮食产品以较强的"风雅之气"。从保存角度考量，竹子材质的包装相对坚韧，相较于纸质、草类及乃至不常见的麻布，其抗压及抗磨损的效果都较为优异，在可持续利用方面，展现了与麻布材料

---

[1] 王佩之,甘德欣,邱志涛.湘西腊尔山区草编工艺与农产品包装设计研究[J].南京艺术学院学报(美术与设计),2020(3):197-199.

包装不一样的应用优势。

论及包装材料的选用，与之并行考量的另一重要设计要点便是包装加工工艺。农产品各类生态及特色展现，都需要借助优良的加工工艺予以实现，因此为在实践层次推进此类包装生产工艺的优化，农产品生产厂家应依照自身产品包装设计需求，增设各类支持特殊工艺包装加工的机械及技术人员。需注意有别于塑料材质的包装、生态材料及自然材料的选用，多依照当前产品生产企业能承受的成本决定将所需成本考虑在内。尽管材料及工艺都是为产品包装服务，但农产品生产企业应在自身发展初期将包装升级视为提升产品附加值的优化产物，而不能将过多的销售资源投入其中。在工艺的选择上应采用成熟工艺，有效地确保包装产品的质量。

3. 丰富包装色彩设计，强调图形直观展示

农产品关乎我国民众的饮食生活，其包装设计中颜色元素的合理应用，可进一步促使消费者形成购买欲望。谈及包装设计，更多民众第一时间便会想起农产品包装上各色的图案及代言人。除去农产品框架，部分产品在包装颜色及广告语宣传中同样做了关联式的设计。比如广告词"蓝瓶的钙，好喝的钙"，在长期宣传的影响下，人们会在看到蓝色小玻璃瓶时，便能联想到对应补钙产品的品牌，此类广告语成分利用自身包装的颜色特性，期望在民众脑海中留下深刻的印象，农产品包装设计也可参照此类案例，在包装的色彩添加及更新中做好相应探索，逐步提升品牌识别性，切实地展现商品个性。

经过长期的研究与分析，人们在包装设计领域对色彩的应用，已逐步达到了"以色彩渲染情绪，丰富意境表达"的程度。比如，红色能令人感到快乐、兴奋；黄色代表着丰收，尽显朝气；蓝色相对稳重，且具有高尚感；白色代表纯洁，明朗；黑色显示庄重，渲染寂静氛围；紫色隐含文化底蕴，彰显高贵，略显神秘等。在选用颜色时，应尝试着重结合产品本身特性，比如，颜色鲜明的水果，可利用与其颜色相近乃至一致的颜色进行包装设计。包装中多种颜色的组合选择，可依照消费者喜好需求而定，此类喜好信息的获取，可从农产品对应市场热销产品的包装中得出相应的分析总结。

一般来说，农产品包装的颜色设计多以消费者喜好为主要参考，不同的颜色能引发人们不同的联想，为渲染特定氛围，产品包装中以特定颜色为主要元素设计也相对常见。比如海产品包装设计，海产品本身颜色多样，但生产商为树立产品新鲜、品质优异的品牌形象，也为展现产地地理风貌的特征，大多会在产品包装上应用到蓝色，蓝色能使人想起海洋，消费者便会在联想的引导下形成了解产品的期望，这便是色彩心理暗示在包装设计中的运用。

农产品的包装设计也可以利用图形语言，进一步丰富包装来向消费者传递的

信息。图形本身便是非文字形式的设计元素，可体现诸多情感及文化内涵。商标及产品的IP形象均属于此类包装设计图形类别。但在具体的设计阶段，不同的国家、不同的生活地区对图形语言的理解均存在差异性。乡村农产品本身在包装设计时便会考量地区文化的融入，因此在考量包装中运用图形语言时，应利用"抽象""具象""装饰图形"三种表达形式，逐步优化产品包装的视觉冲击效果。除了能有效地延展文化内容外，农产品生产企业自身传递的企业文化及品牌故事都应适当地融入包装图形中。直观展现是视觉冲击效果的方式之一，且在面对农产品市场时，包装设计人员应合理地把控图形设计艺术成分的浓度，避免产品包装设计过于脱离生活，难以对消费者形成显著的吸引力。

（三）乡村振兴视角下的农产品包装设计模式

1. 品牌形象基础奠定模式

农产品包装设计与品牌形象关联甚密，在乡村振兴视角下，农产品销售的成功代表着诸多含义，在包装设计层面，无论是产品销售初期的"开拓式"探索，还是产品销售发展后期的"完善式"或"更新式"内容重建，包装设计人员均以农产品品牌形象为其奠定基础，合理深化品牌形象在产品包装中的延续性。品牌形象基础奠定模式的包装设计，需优先整合品牌资源，合理利用各类品牌形象建设中应用的内容，将其转化后填充到设计参考内容中。

农产品在品牌建设初期，多会利用生产现有资源优先呈现自身有别于同类产品的销售优势，内容多与地区文化及生态文明等较大发展主题无关，仅为"个大味甜""滋味丰富"等体现产品本身质量及食用感受的内容。包装设计则可利用此类主题完成相对的"命题创作"，在包装中利用文字和图形向消费者传递农产品的特性，比如产品本身汁水丰富，可在包装上利用爆炸式图形展示产品特性。以葡萄产品为例，产品生产企业及产地均以水果的甜美多汁、个大诱人为产品宣传优势，且品牌形象建设初期以地名为主要内容，其包装设计可利用透明塑料袋包装单串葡萄，并在包装相对显眼的位置优先印刷产品名称——××葡萄；而后可在包装正面设计多个汁水喷溅的图形，并正好将其设在内部产品葡萄可能出现的位置；最后，在包装背面写下品牌形象建设规划中确定的广告语——"××葡萄，不一样的甜蜜体验"。此包装设计利用透明材质的包装袋展现了产品的品相，更利用文字与图形进一步展现了其品牌形象建设所期望的内容。如此设计不仅可以在对外规模销售的领域初步提升了品牌知名度，而且以地区名冠名的产品还可以在乡村周边形成口碑，其多汁的品牌形象早已隐性建立。

2. 地区文化协助宣传模式

地区文化协助宣传在品牌形象建设中有所提及，但在产品包装设计中，此类模式应用属于常态。

比如茶叶的包装，必然涉及茶叶本身直接接触的内包装、茶叶盒包装及多盒茶叶的整体外包装。在设计此产品的多层包装时，内包装可以以简洁形式为主，主茶盒包装可直接以当地景区景点的风景要素为设计参考，尝试利用艺术画形式环绕盒身绘制图案，或以礼盒内装茶盒数量为准，凑成完整景区风景的茶盒包装。最外层的礼盒可按照茶叶消费者的喜好进行颜色选用。茶叶作为最常见的礼物，其外包装盒的颜色选用或清丽淡雅，可以利用金色、蓝色展现出一定的"贵气"，令送礼之人"面上有光"。最外侧包装需有效设置明显的产品名称，加以花纹形式并添加更多地区文化元素来展示。此产品包装不仅能在常规的销售场以精美的图案设计吸引消费者目光，更能在各大景区的特产商店营造景区地区文化氛围，给予游客更加充实的旅游体验。

3. 生态理念合理注入模式

生态理念合理注入模式，是乡村振兴战略落实阶段常见的农产品包装设计模式，与地区文化协助宣传模式同为乡村建设发展需求的对应内容，但从实行角度来看，生态理念在农产品包装设计中的融入更为便行。时下，人们均形成相对强烈的绿色环保及自然资源保护意识，生态农业发展在我国各地遍地开花。乡村农产品生产及销售本身便归属于乡村农业中，在产品包装上展现生态发展理念，既可从包装选材方面进行设计探索，又可将此类理念展现在包装的文字、图形元素中。

从实际实行角度分析，此两项内容可融合执行。对初步展开生产发展的农产品生产企业，可在二者并行的包装设计规划中侧重实现理念的具象展现，并获得一定发展成果，能切实地为乡村振兴战略落实提供资金、人力等资源支持的农产品企业，可侧重选择可降解优质材料应用在包装设计中。在市面上大多数农产品包装除了编织袋和塑料包装，还有过度包装的现象，为给产品带去更高的溢价，选择不合理的空间结构或者泡沫填充。[1] 如果乡村农产品企业最终能行至"始终贯彻生态包装设计"的发展阶层，便将"反客为主"，在促成农村经济发展的同时，也将在生态文明建设层面展现出乡村企业应有的风貌。

第三节　农产品物流运输模式与电子商务模式

一、农产品物流运输模式概述

农产品运输具有特殊性，在整体运输过程中不仅要保证产品的运输安全，更

---

[1]　范红艳. 乡村振兴视域下醴陵石亭农产品品牌与包装设计 [D]. 长沙：湖南工业大学，2021.

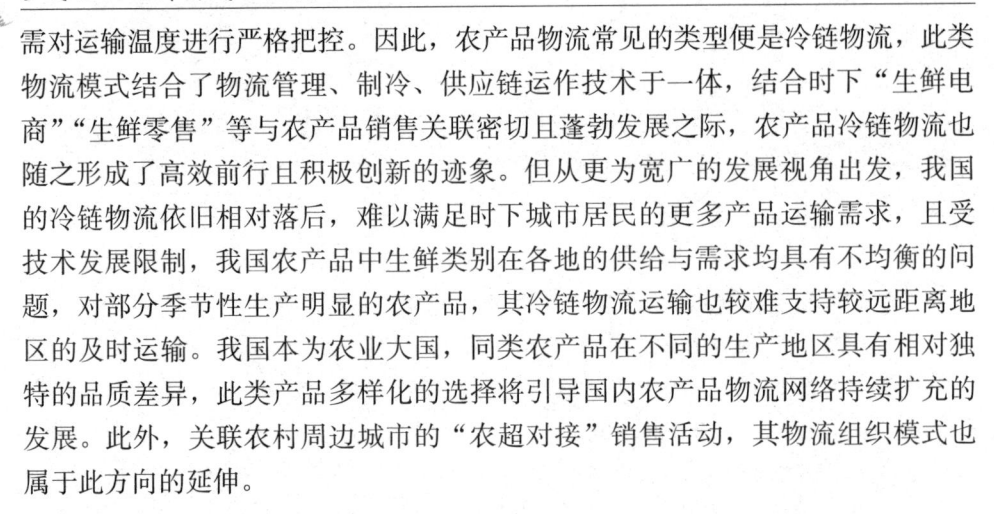

需对运输温度进行严格把控。因此，农产品物流常见的类型便是冷链物流，此类物流模式结合了物流管理、制冷、供应链运作技术于一体，结合时下"生鲜电商""生鲜零售"等与农产品销售关联密切且蓬勃发展之际，农产品冷链物流也随之形成了高效前行且积极创新的迹象。但从更为宽广的发展视角出发，我国的冷链物流依旧相对落后，难以满足时下城市居民的更多产品运输需求，且受技术发展限制，我国农产品中生鲜类别在各地的供给与需求均具有不均衡的问题，对部分季节性生产明显的农产品，其冷链物流运输也较难支持较远距离地区的及时运输。我国本为农业大国，同类农产品在不同的生产地区具有相对独特的品质差异，此类产品多样化的选择将引导国内农产品物流网络持续扩充的发展。此外，关联农村周边城市的"农超对接"销售活动，其物流组织模式也属于此方向的延伸。

二、农产品物流运输模式分析

（一）农产品物流应用概述

所谓农产品物流，即围绕农业生产发生的农产品从供应地到销售地流动的各类技术、管理工作的有机组合。农产品物流的具体涉及内容从产品生产起始，涵盖产品生产、包装、运输、仓储、装卸、配送、流通加工及上述内容关联一切的信息交流活动。农产品物流本身有三个特点：其一，我国地大物博且乡村农业产业发达，导致农产品物流数量大，且涉及多种类型的农产品；其二，受"量大种类多"物流运输特点的影响，我国农产品物流工作也形成了"难度大"的特点。比如，水果、禽肉、畜肉等生鲜农产品相对容易腐烂，在物流运输过程中必然需考量并合理选用产品保鲜技术，才能保证农产品到销售地依旧存有可供销售的质量及品相。因此，农产品物流服务组织便应在产品仓储、运输阶段提供合理的设备、技术及环境条件，这就加大了物流建设时资源的耗费，对部分贫困地区的农产品的运输、销售造成困境；其三，农产品物流要求高。时下国内提倡绿色物流，尝试推行低成本，降低物流工作形成的生态污染及资源浪费。凭借此类要求，农产品物流工作的整体规划也需要兼顾更多内容，且随着技术发展的推进及人民生活水平的逐步提升，民众对农产品质量的需求也日益提升。农产品在运输过程中的鲜货能最大限度地保存，应成为"物流要求高"内容构成的一部分，应纳入农产品物流工作者思考及探索的范畴。

（二）农产品物流模式

时下，我国物流农产品运作模式整体分为两大类：一类基于传统的"推式经营体系"，从批发商到批发市场，再到零售物流组织；另一类为"拉式经营体系"，

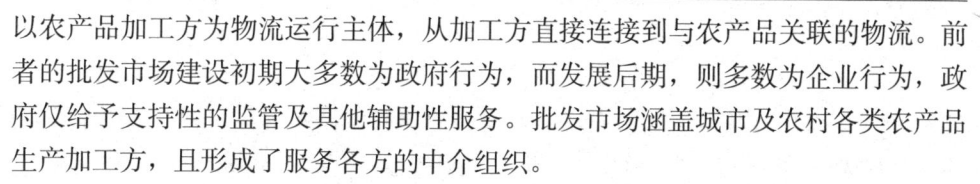

以农产品加工方为物流运行主体，从加工方直接连接到与农产品关联的物流。前者的批发市场建设初期大多数为政府行为，而发展后期，则多数为企业行为，政府仅给予支持性的监管及其他辅助性服务。批发市场涵盖城市及农村各类农产品生产加工方，且形成了服务各方的中介组织。

由于经济发展水平的差异，不同批发市场给予的服务存在差异。水平较低者可提供销售摊位，水平高者则可协助农产品生产方从产品生产到一切物流活动，再到商品批发、零售等阶段，全部涵盖在服务范畴内，进而形成一体化的经营服务体系。此类批发市场可向农产品生产方提供自身内部产品的供给及需求情况，但中间批发商相较于生产商及消费者更加了解各类信息动态，会对双方进行信息封锁，进而对农产品销售形成影响。而后者则将农产品流通的主导权交到农产品流通及加工方，作为整条供应链上最重要的一环，直接衔接生产方与产品消费者。比如沃尔玛、家乐福等均属于涵盖批发、仓储、加工、配送中心于一体的大型零售企业，可直接与农产品生产基地形成产业链，进而为各地消费者提供农产品销售服务。

此类物流模式具有以下特点：农产品生产方涵盖在供应链中，与批发销售及产品加工的企业签订供应合同，形成合作关系。后期，产品从产地运输到配送中心、在运输至给的零售商处，此类物流工作由专业的物流公司予以完成，且大型零售企业物流工作的管理体系已发展到相对完善的层次，完成了物流信息平台、产品销售平台、农产品数据库及客户数据库。由此，大型零售企业可充分掌握并分析农产品工序情况，并通过合同签订将此类供需信息传递给农产品生产方，会一定程度上缩短生产方与产品消费者之间的互动距离，并且受此运作方式的影响，农产品生产方所需承受的风险也会有所减低，但此企业对农产品的质量及包装均有相对严格的要求。

（三）农村产品物流发展问题及对策分析

1.农产品物流发展问题分析

我国农产品物流运作模式处于不断创新探索的发展阶段，但常规的生产者与消费者之间的距离依旧较远。随着网络技术应用的普及及电子商务的蓬勃发展，通过购销商到产地市场，再到运销批发商和销售市场，最后归向零售商的农产品。传统物流逐渐为电商直销的物流模式让出了位置。我国农村交通基础设施滞后，物流效率低，严重阻碍了农产品物流的发展，只有持续加快农村基础建设，才能切实地解决农产品物流中存有的问题，但在乡村建设战略的引导中，本身存有基础建设问题的贫困乡村，即使利用电商直销，依旧需要和物流或合作的第三方平台进行产品运输服务的协商，且部分产品需求冷链运输，成本较高，此部分的资金应如何促成良性运转，则需要相关人士予以深刻思考。

2. 农村产品物流发展优化策略的探索

为提升农产品物流发展速率，实现物流发展优化，应优先解决物流费用及乡村基础交通建设等问题。地区政府应结合乡村振兴战略落实需求逐步完善相关扶持、补贴政策的颁布，鼓励更多优秀人才进入农产品生产企业，完善供应链物流的协调。因物流管理涉及产品运输、产品仓储及产品配送，想进一步降低此间各项工作的实行成本，农产品生产地对应乡村具有两类选择：一是积极与电商平台合作，尝试利用自身平台产品销量优势与物流企业协商，利用长期合作争取"降低物流服务成本"；二是可尝试直接不断地提升自身产品质量，以"农超对接"这类物流模式为主，依旧将产品销售重心放在与大型零售企业合作模式中，待自身品牌知名度提升后，再逐渐向电商直销方向发展，以稳求胜。

三、农产品电子商务模式概述

电商指的是以信息网络技术为商业构架及发展基础，以商品交换为核心的商务活动。从另一角度出发，电商更是传统商业向网络化方向发展的成果。一般来说，以互联网为交易媒介的商业行为均属于电子商务。论及电商，人们的脑中多会浮现近年比较火的电商平台，更会想起"直播带货"这一时代背景催化下正蓬勃发展的销售模式，而农产品电子商务模式也成为迎合乡村振兴及农村经济发展需求的重要销售模式之一。

我国各地乡村农业生产组织及个人通过电子商务平台的利用，实现了多种农产品跨地区选购需求的探寻，更在线上销售环境中积极展开农产品的宣传，合理借助第三方平台实现农产品售后服务及客户评价的广泛获取。随着销售发展的壮大，农产品电商供应链也随之形成，为迎合多方对农产品的购买需求，农村电商也涉猎并探究了多种电商模式。

四、农产品电子商务模式分析

农村电商指的是在农业领域从业的生产经营者利用网络平台进行销售、购买等业务往来的过程。[①]

（一）农村电商发展的价值分析

1. 拓宽营销渠道，促进经济发展

电商行业为我国多类产品的销售带来了新的探索方向，在乡村发展的引领下，电商在国内各地乡村产业中的渗透也逐步加深，农产品销售便是与电子商业融合发展成绩较为优异的一类。农产品传统营销方式的弊端体现在农产品营销市

---

① 李宜谦. 乡村振兴背景下河南省开封市农村电商扶贫发展研究 [D]. 大连：大连海洋大学，2022.

场范围有限，农产品收购价格过低，导致农民辛苦劳动的成果回报率过低，收入十分不理想。[①] 而电商为农村产品销售带来了更宽广的空间，使农产品销售可以优先吸引国内各地产品消费者的目光，并切实地拓宽了农产品的营销渠道。在电商平台中，农产品营销可跨越时间与空间的限制，完善了线上销售模式的发展探索。城镇各地本身对物美价廉、品质优异的粮油、生鲜产品始终存有需求，随着网购及线上支付便利度的提升，更多人热衷于在足不出户的情况下选购各类农产品，更期望有平台能整合各地优秀的农产品资源，为国民的线上购物和品牌的扩充提供助力。

随着农产品电子商务发展的逐步推进，更多帮助农民实现收入增长的新式营销模式在线上网络环境中应运而生。现阶段，电商直播带货成了民众广泛关注的销售模式"新宠"，农产品也可以趁此"东风"开展相关销售模式，以实现自身销售量增长的目标，为乡村经济发展提供更多助力。且通过线上营销宣传，让更多民众了解贫困乡村同样拥有优质农产品。农产品生产方配合电商平台开展促销活动，能进一步拉动更多民众对产品的购买欲望，更会在活动的引导下进行转发，帮助农产品的扩大宣传，将乡村农产品推向更宽广的需求市场。

2. 调动生产热情，引导经济循环

近年来，我国诸多行业在国际市场环境中同样面对较强的压力，为促进国内经济健康运转，国内乡村振兴工作在发展经济的同时，也承担起部分国内市场经济循环的责任，在农产品这类乡村着重经营的生产工作中迸发出更多的热情，而电商销售作为当代各年龄层都关注的销售形式，不但推动了农产品销售的"上行"，还进一步打通了工业产品出城的销售通路。乡村欲实现电商销售，必须配备相关的硬件设备，更需要聘用掌握销售技术与能力的人才。此番发展引导及经济循环刺激后，城乡资源的双向流动便再次获得更多的"引力"，城市部分行业的经济发展也由此被带动，形成城乡双方生产、消费活动双重效用的叠加，进而得出更多的发展活力。

随着农村电商发展经验的逐步积累，各种发展趋势也将随着不断更新的农产品销售策略发生变化。在进一步发展探索前，农村电子商务更应明确时下所处的城乡经济结构的位置，有效承担"循环经济激发"责任。在凭借农产品等实现一定程度的经济发展后，乡村会继续延展第二、第三产业的开发，届时农产品生产及销售在乡村经济结构中的地位便会发生改变，电商销量的侧重点也会随之偏移。农产品生产方应注重自身对乡村经济发展的重要意义，尝试在不同的发展阶段展现自身激活各项经济产业的实力，合理地利用电子商务的辐射作用，协助其他产业蓬勃发展，促进国内各行业经济良性循环发展的实现。

---

① 董航. 中国农村电子商务在农产品营销领域的应用研究[D]. 长春：吉林大学，2022.

3. 稳固脱贫成果，推动乡村振兴

贫困乡村在脱贫攻坚期间实现的发展成果，促成了现阶段农产品电商销售模式。在农村信息化及现代化发展的引导下，乡村振兴再一次将经济发展列为重要内容，期望农村贴合时代发展实际，做好后续经济发展的科学规划。部分贫困乡村在政府引导下，不断地吸收各界对自身优势产业的资金投入，且收获了一定的成果。随着农产品生产、销售产业链的逐步形成，村内接连配备了相关发展所需的网络、物流和基础设施，更在物流发展的引导下加速道路建设，全面提升了公共服务的水平。

在后续发展过程中，农村现有资源也随着农产品电商销售逐渐整合，进行合理分配。可以说，农村电子商务开拓了城乡互联沟通及互利发展的整体格局。后期电子商务引导的农村产业信息流和资金流日益活泛，乡村民生建设也随之逐步启动，同时生态文明建设、乡村治理的进一步优化也逐步展开，村民生活条件得到了明显的改善，并在乡村振兴的发展中呈现出无穷的动力。农产品生产质量及规格在市场需求的影响下，实现了不同程度的更新，甚至部分乡村开启了生态农产品的培育工作。想要实现此目标，则应支持农产品通过"无公害""绿色无污染"等资质的申报认证，提升产品的知名度，形成特色农产品销售联动效应。①

农村电商持续引导产业进阶发展，在市场经济的作用下，农村产业日渐规模化及标准化，农村产业结构不仅逐渐丰富，各产业融合度也在相关引导下不断提升，可见信息技术促生的电商销售模式对乡村发展的影响十分明显，使乡村新产业、新业态焕发出新动力，实现乡村振兴的目标指日可待。

（二）农产品销售应用的电子商务模式

1. 电商直播模式

电商直播在近年来比较火爆，比如抖音、淘宝等平台均开启了电商直播销售模式。此类模式产品展示相对直接，主播通过对产品卖点的分析、促销活动的讲解以及与评论网友高频的互动，来营造并烘托热烈的产品销售氛围。而农产品作为民众日常生活所需的产品类别，在电商直播中充分迎合了消费者需求，合理推出此类销售模式常见的折扣及优惠，可以快速吸引一大波关注人群，优先实现了农产品的高效宣传。

如何实现直播人才的标准化、人才的职业化，势必将成为影响农产品电商直播模式发展的主要问题。② 电商直播模式同样可以借助大数据技术及平台推送的信息传递优势，对农产品消费群体进行区分，进而为向上观看直播的民众提供更

---

① 李宜谦. 乡村振兴背景下河南省开封市农村电商扶贫发展研究 [D]. 大连：大连海洋大学，2022.

② 张攀. 乡村振兴背景下重庆农产品电商模式研究 [D]. 重庆：重庆师范大学，2021.

符合其需求的产品销售服务。电商直播销售模式的灵活性较大，为追求一定的原生态产品特性的展示，农产品直播多选择在户外进行，且在民众农产品购买需求的引导下，在乡村振兴战略落实的大环境下，收获了更宽广的产品销售空间，部分贫困乡村勇敢地做出了对此销售模式的探索，部分具有发展优势的乡村利用此类销售模式，进一步丰富了当地农产品营销结构。

随着线上消费人群数量的不断提升，电商直播销售农产品的模式也持续完善，各地生产方在追求市场竞争力的同时，也会助力电商直播的发展。乡村新一代参与农产品生产的年轻人，也将在此模式的引导下不断扩充线上销售及线上宣传的产品销售思想，逐渐形成符合当代民众农产品消费需求的营销新思路，在全力协助农业发展的同时，为乡村振兴战略的落实提供新动力。

2. 社区团购模式

C2B（customer to business，消费者对企业）模式是以消费者需求为中心的商业模式，是互联网经济时代形成新型商业模式，与人们相对熟悉的"供需模式"模式相反，是先有消费者需求而后形成的新型销售模式，彻底打破了B2C（Business-to-Customer，商家对顾客）模式对产品销售和生产的限制，利用消费者群体中心原则，借助消费者对农产品的市场需求，给予产品需求方足够的话语权，此类形式的出现以及广泛应用，展示了当代电商销售发展趋势的更迭，这在乡村振兴背景下给予了贫困乡村以产品供应保障，解决了此类乡村的农产品产业结构及生产水平相对滞后的问题。社区团购模式能切实地集合农产品需求，并管理同类别农产品的销售情况，利用自身"销售需求决定生产数量"的优势完善农产品销售等级，合理降低产品库存，利用预先工作切实保证农产品供应链的良性运作。

尽管农产品是国民生活所需的产品类型，其常规销售形式使其归于传统的市场竞争中，而社区团购模式实现了"以需定产"，可在销售量确定的情况下给予民众以最经济实惠的价格。时下，更多电商平台开展了对此类销售模式服务的探索，构建的农产品交易平台各有千秋，其本质便是将乡村农产品销售以社区团购模式搬到线上。此类境况下，产品不但物美价廉，平台可以提供完备的物流服务，并且可以给予农产品生产方及消费者以双重优质的便利服务。当部分地区产品销售在此模式下日益成熟，后期销售规模会逐渐扩大，便有了更多的发展实力优化产品质量，推行品牌形象建设，在协助产品产地的乡村实现经济发展的同时，给予其发展助力的社区团购电商平台以"反哺"的回报，进一步促生双方互利、合作关系的加深。

3. C2C 电商模式

C2C（Consumer to Consumer，消费者对消费者），即个人与个人直接对接的交易模式，交易双方可凭借电商平台提供的服务实现产品规格、价格及销售折扣的咨询，最终完成产品的售卖与购买。从生产方角度来看，此类电商销售模式可最大限度地拉近自身与消费者的距离，省去农产品销售各项中间环节在产品流通期间对产品带来的损耗，并节省了中间可能会产生的各种费用。

从消费者角度来看，可在 C2C 电商平台自由搜寻并对比多家同类产品的销售价格，以更快的速度实现"货比三家"，进而选购符合自身购买需求的农产品，并依靠平台大数据服务提供的产品推送，不断探究在此模式中实现经济实惠向购物的延展。时下，基于 C2C 电商模式发展的淘宝网，已在此领域取得令人瞩目的成绩，其自身内部形成的各类发展模式，同样给我国农产品的线上销售带来诸多启示。现今，更多淘宝平台商家尝试在短视频平台发布宣传视频，以此拓宽自身产品销售渠道，提升自家农产品及线上店铺的关注度。社交媒体的信息传播速率为国民所共睹，在电商发展的探索路径中，新媒体平台已成为实现商品推广宣传的优选途径。

当前人们会消耗大量时间去浏览各类短视频平台，在此类平台投放广告，可以在很大程度上调动国民大众对农产品的消费欲望。需注意的是，在 C2C 的电商模式中，农产品生产方吸引广大消费者目光的目标较为容易实现，但在消费者购物期望明显提升的情况下，其自身生产效率无法满足消费者对线上产品的购买需求，便会使其陷入较为尴尬的销售经营境况中。且 C2C 电商模式需设置线上客服服务，此部分工作的延展及人力消耗，将为线上销售的农产品生产方带来一定的工作压力。后期线上广告的制作、投放也需要聘请更多技术人员，农产品销售方同样需做好此部分成本投入的考量。

4. O2O 电商模式

O2O（Online To Offline，在线离线/线上到线下），即为线上购买线下获得商品的消费模式，此类型电商服务为消费者提供购买平台，以点餐平台"美团"及"饿了么"为民众耳熟能详。O2O 电商模式在移动互联网发展支持下，给予国内广大消费者以更加便利的服务体验。一般来说，其本身具备五大要素：独立网上商城、国家级权威行业可信网站认证、在线网络广告营销推广、全面社交媒体与客户在线互动以及线上线下一体化的会员营销系统。其中，最后一项为体现 O2O 电商模式独特销售结构的重要因素，更是其广受民众喜爱与青睐的主要原因。O2O 发展到 1.0 时，仅实现了线上和线下的初步对接，当时最具代表性的便是"美团团购"。发展到 2.0 时，服务型电商模式已初步塑成，更多电商模块转移到生活场景中，充分激活了线下服务行业的发展热潮。农产品销售利用 O2O 电商模式结合当地线下商铺物品运输的便利，以及线上平台优惠活动给予的消费刺激，实现了传统零售方向新型销售方式的发展。对部分贫困乡村而言，对乡村农产品销售线上服务的探索本来就是一项挑战，而O2O电商模式便是在传统线下零售服务便利的前提下，令其在线上销售发展前期进行一段时间的缓冲，从而令农产品生产方优先在此模式中获得一定的经济收益，在巩固其资金运转应用基础的同时，令其坚定发展线上销售的信心。

需要注意的是，时下O2O销售模式多需迎合各类优惠活动，且农产品运输零售店面，其本身已经消耗了一部分物流费用。如果在此基础上进一步迎合优惠活动的折扣设置需求，或将造成农产品利率较过低的问题。农产品本身利润空间有限，又需要在线下零售店满足周边民众对农产品消费需求，农产品生产方应切实考量自身在O2O电商模式中的投入力度，合理地选择迎合市场发展、消费形式变更且能为自身带来更多经济收益的电商销售模式。

第四节　其他特色农产品产业模式

一、多类农产品产业模式整体内容概述

在乡村振兴战略逐步推行的时代背景下，我国不同地区的乡村农业发展也在地方政府政策的引导下，开展了多类农产品产业生产与销售新模式。除了时下备受民众喜爱且应用广泛的"农产品电商模式"外，诸如"农村合作社特色农产品营销模式""农超对接销售模式""生鲜农产品社群营销模式"等迎合农产品销售核心诉求、追求提升生产销售效率、优化产品消费方选购体验的模式，也在各方引导及自主的不懈努力下，逐渐朝着更好的发展方向迈进。其中，农村合作社特色农产品营销模式则是基于农民专业合作社这一互助性经济组织开展的农产品销售形式。合作社本身为劳动群众以自愿、互助形式自筹资金、共同经营，最终分享收益的合作经济发展模式。利用合作社模式开展农产品营销，是对乡村优质人才及发展成熟企业资源的合理应用，能完善乡村产业结构，更能助力推动乡村振兴目标的高效实现，属于相对优质且经济发展力度较强的农产品销售模式。农超对接模式即为民众相对熟悉的超市与农产品生产方签订购销合同，并对农产品进行直接采购的形式，这对生产者利益具有相对积极的作用。生鲜农产品社群营销模式的发展应建立在对乡村贫困户扶持的基础上，社群营销本身便是在网络社区营销及社会化媒体营销基础上发展而来，是用户交流更紧密的网络营销方式，此模式的相关探索可助力农产品销售寻得黏性更高的消费群体，强化产品销售保障，提升销售效率。

二、农村合作社特色农产品营销模式

（一）农村合作社特色农产品营销模式概述

农村合作社是劳动群众联合进行合作生产、经营的组织形式，其内部的合作是出于农民自愿，且具有一定"自治"及"自助"的特性。农村合作社的成立，促成了农村生产力的解放，更在资源分配、生产组织等问题的解决方面实现了创新探索，并为乡村振兴建设提供助力。农村合作社特色农产品营销模式可以根据地区特色产品生产及销售情况，利用合作社的各项辅助功能全面促进单项农产品实现高速发展，将各类资源集中调用到特色农产品的生产和宣传中。在实现特色农产品营销阶段，农产品产地的农村合作社需要全面了解产品对应消费群体的需求，合理借鉴同类型产品在市场的销售策略，有效地确定产品的市场需求，进而继续加大投入和生产管理力度，不断地优化农产品质量，并在产品包装设计、产品价格确定、产品促销策略制定等方向深入研究，尝试在销售互动阶段令消费者感受到生产参与合作社的服务诚意。在营销获得阶段性成功后，乡村农业的其他产品销售也可以延用特色产品的营销经验，实现销售水平的提升，同时，也能促进乡村农业发展及经济发展水平的提升。

（二）农村合作社特色农产品营销优化策略

1. 优化产品加工，提升产品价值

特色农产品本身便具有销售及宣传优势，但产品加工可提升其对市场销售以及生产消耗的适应度。从另一角度来看，加工的优化同样是以"需求"引导"生产"。加工带来的产品价值的提升可为企业增加收入，深加工能有效地解决农产品滞销问题，也能提升产品生产过程中涉及内容的广度，开阔乡村农业发展视野，促使对更多产品的深加工探索，有利于乡村振兴发展各项目标的加速实现。以山药为例，可以加工为山药片、山药粉，既解决了山药滞销问题又增加了收入；对于韭菜来说，可以加工成韭菜水饺；对于辣椒来说，可以加工为辣椒酱；等等。农产品深加工后，农村合作社利用自身的营销优势，可促进农产品品牌的有效推广，从而进一步提升乡村品牌的价值。

农产品价值提升，应在生产线优化及包装设计更新等层面进行探索。农产品生产需要经历诸多工序，农村合作社的各项服务功能应预先探索，利用自身广泛接触城乡产品销售所收获的经验，切实帮助农产品实现生产质效的提升。包装设计优化阶段，农村合作社可为农产品包装的设计提供生产及设计技术的支持。在资源获取层面，农村合作社更能获取优质且成本合理的资源，为农产品生产方省去寻找包装生产合作方的时间。

2. 加大营销投入，提升人员素质

产品营销对产品销售经济利益获取的影响相对明显，在农村合作社特色农产品营销模式引导下，与农村农产品销售合作的各方可持续加大营销的投入，参与营销的工作人员的积极性也会随之提升。农村合作社可利用农业观光展览活动向更多人展示农产品，积极利用广告投放的形式向各平台及各地方电视台推广本地特色农产品。此类工作需要全面加强资金的投入，但在农产品销售初期，农村合作社应凭借产品固有优势进行拓宽宣传的探索。

一般来说，特色农产品在当地已经形成了一定的良好口碑，在口口相传的影响下，地区周边城镇居民也对特色产品有所耳闻。农村合作社应合理地应用此类优势，尝试在具有品牌形象基础的地区进行优先宣传。让更多民众在营销活动中见识到此类真实数据，对产品品质及口碑形成初步的认同，进而形成购买及协同宣传的欲望。

提升营销人员素质，同样是实现营销优化的必行工作。随着农产品销售发展的推进，农村合作社应基于时下产品营销需求，积极扩充营销团队，利用长远发展目光审视人才资源的整合，以求在促进乡村振兴发展的同时，不断完善农产品营销工作优质人员的纳入及培养。首先，可优先提升人员待遇及应聘要求，广泛开展社会招聘活动，利用地区特色农产品本身的品牌影响吸引乡村周边城市优质营销人才。其次，农村合作社应适当更新营销管理体系，从外部聘请能力卓越的营销管理者，让其参与农产品营销新计划的制订，并持续关注农产品营销团队管理工作质效优化的实际效果。最后，应更新培训制度及培训内容，提升现有营销团队成员的工作能力，尝试定期设置培训及经验交流活动，培训内容可围绕业务素质及营销能力展开。在后期，乡村特色农产品或将提升地区生态文化在自身生产、销售环节的渗透作用，相关营销人员应该扩充对应知识，高效地整理相关主题营销活动需应用的文案。

3. 拓宽经营渠道，提升品牌意识

时下线上产品销售发展正盛，农产品经营渠道也随之更加丰富。农产品销售应具备品牌意识，充分结合各类"线上联合线下""直播销售"模式进行品牌形象建设，在提升消费者购买欲望的同时，实现生产结构内部品牌意识的强化。此处的发展探索需要应用O2O平台，更需要实现此平台营销渠道的有效拓展。在全面开发电子商务方向的发展时，农村合作社也需要清楚地意识到电商发展尚无法完全取代传统零售销售形式，在网络平台进行农产品营销，更多是为了提升产品品牌知名度，完善品牌形象，吸引更多国内民众通过此类线上平台对乡村农产品给予更多关注。因此，强化品牌意识便是对经营渠道扩充后的重要任务。

三、农超对接农产品销售模式

（一）农超对接模式的种类概述

1. 超市、龙头加工企业、农户三方合作

超市、龙头加工企业、农户三方合作的销售模式是指加工企业对农产品进行收购，再通过进一步加工将其制成商品，最终转销于超市。在发展合作关系中，龙头加工企业更受农户青睐，且在乡村振兴策略落实发展阶段，龙头企业更具备支持乡村经济发展的实力。以现实来看，当前国家级、省级、市级龙头加工企业不在少数，西安爱菊粮油集团是陕西省农超对接模式的国家级重点龙头企业，有规模化生产面粉、大米、油脂、小杂粮等基地。爱菊米面油、爱菊馒头、面条等熟食品早已成为西安市农超对接模式的知名品牌。[1] 龙头加工企业自身在资金应用、技术更新、设施维护及企业管理层面具备更多优势，容易与大型超市形成良好的合作关系。

2. 超市、农村合作社、农户三方合作

一般来说，农村合作社与超市及分散农产品生产农户的合作形式相对常见，且合作社会关注农户的利益，真正站在农户的角度思考。在此模式中，政府资金、政策的扶持更能给予农户以探索生产、销售合作发展的动力。在互利互助原则下，农村合作社以科学的方法指导农户优化农产品生产，切实地把控产品质量和生产效率，并利用按需供给方式减少农户成本的损耗，确保其产品销售与超市顺利对接。

3. 超市、农产品培育基地、农户三方合作

部分大型超市为提升自身销售的农产品质量，选择自行建立农产品培育基地。该基地通过规范化管理，强化产品生产、加工、销售工作各环节的监督效力。在此类模式下，农户为基地培育、种植农作物的辅助人员。此合作模式的标准化生产对整个供应链进行监管，不仅从源头生产环节控制了农产品的质量，更进一步避免了物流运输期间可导致农产品新鲜度下降、损坏等运输安全问题。

4. 超市直营形式

超市直营是时下常见的农超对接销售模式，在此模式中，农民合作社依旧承担着相对重要的责任，其管理农户按照超市要求进行农产品的生产，后期将具有地区农业特色的优质农产品通过物流配送到超市的直营柜台，这一模式大幅度降低了农产品的销售成本，并有助于地方农产品品牌建设。消费者可通过二维码扫描探寻农产品产地，可以在展示信息中了解产品的生产流程、采摘流程及运输流程，此类直营商品信息展示的完备程度，可令消费者获得更加安心的选购体验。

---

[1] 袁元. 西安市农超对接模式的优化研究 [D]. 兰州：兰州财经大学，2015.

随着此类形式及关联追踪体系应用的建立，更多城乡民众对相关农产品的品牌印象也将越发深刻。

（二）农超对接模式的优化

1. 重视规范化管理的实行

在农超对接模式中，农村合作社在整体对接中所处的位置至关重要，需持续加强内部管理，引导农户实现思想更新。在人才培养层面，农村合作社更应为农超对接的未来发展做好规划，积极培养适应当代农产品销售市场变化、情势变化，灵敏度较高的优质人才。后期，应合理聘请农产品市场分析专业学者和具备专业知识及技术的人才参与培训工作，尝试在理念、意识等层面优先更新社内人才发展的基础能力。长此以往，乡村农户可以更科学地培养农作物，乡村未来的农超对接销售模式也将呈现"顺行"的发展趋势。

2. 提升超市经营管理水平

超市经营管理水平的提升涉及两个方面。一方面是农产品培育基地质量提升的相关经营、管理优化工作，另一方面是与合作社连同乡村农户共同合作管理的农产品生产管理优化工作。形成战略合作的前提是超市本身具有优秀的经营管理实力，形成战略合作的后期，需要进一步提升超市的实力。超市应根据产品销售需求及生产需求，尝试在农产品种植规模扩充层面给予更为精准的生产改进建议，令农户及农村合作社方共同感受时下多元化农产品市场的竞争压力，合理地把控市场产品供求关系，将更多"压力"转化为合作团体的共行动力，防止供需失衡导致"供大于需"的低效发展局面。

3. 强化产品消费思想渗透

时下，与电商直播销售相比，农超对接农产品的销售优势相对薄弱，为提升消费者对此类模式农产品销售的接受程度，超市方需要在宣传上强化产品消费思想的渗透，利用健康、环保、地方农业支持等元素设置宣传活动主题，令超市所处地区民众意识到农产品消费对上述主题及乡村发展提供了强大助力。

消费思想的渗透不能"一蹴而就"，在此基础上，农产品自身需要建设品牌形象，向民众传递品牌故事，利用优质的品牌信息内容及产品质量逐步打动消费者。政府作为乡村经济发展支持方，应在农超对接模式中对取得成绩的农超对接合作体系进行表彰，使消费者意识到合作社的蓬勃发展对农产品质量保证的重要性。在政策的引导下，消费者的农产品的消费观会由此更新，更多消费者会意识到，支持农超对接模式下的农产品销售是时下理性消费的最佳选择。

四、生鲜农产品社群营销模式

（一）生鲜农产品特征概述

生鲜农产品涵盖水果、蔬菜、肉类、水产类、奶类、鸡蛋及鲜花等，与民众日常生活息息相关的便是上述内容中除鲜花以外的其他产品。生鲜农产品即为生活必需品，具有令生产方及销售方"头疼"的易腐特征。此外，生鲜产品的新鲜度同样是体现其产品价值的重要元素，此类产品多选用冷链物流运输，在销售、经营层面更应利用保鲜技术进行仓储及日常陈列。只有切实地保证生鲜农产品的新鲜度，其营养价值及销售价值才不会随着时间的流逝而逐步降低。生鲜产品能给予民众以时令性及新鲜感，但其价格敏感，且消费量大，多数人对此类产品的选购需全面考虑其质量情况及价格设置的合理度。销售生鲜农产品的超市、菜市场等场所更要承担此类产品运输、存储及滞销所带来的风险。由此可见，生鲜农产品本身便是令各类产品销售方"又爱又恨"的产品类别。

（二）生鲜农产品社群营销模式

1. 社区门店结合平台购物模式

中老年人群购买生鲜农产品时常常前往超市、便利店、菜市场等场所，遵循"货比三家"购买原则，当代年轻人在享受线上购物便利的同时，更追求产品的质量而非价格。因此，在选购生鲜农产品时，更会关注大众对一类产品的口碑，进而倾向于利用社群营销模式中"社区门店结合平台购物模式"在附近进行农产品的选购及产品质量评价信息的获取。消费者可以通过在移动端应用上对农产品进行下单，而后亲自到实体店去取货。此种购物模式可及时向产品销售服务人员进行问题反馈，提升生鲜产品质量问题及销售问题的处理速度，最大限度地减少购货双方的损失。而且线下商店提供了相应的仓储环境，减少了产品的配送成本，间接降低了部分优质农产品的销售价格；同时，线下店面及销售平台系统的有效联合，进一步提升了商品退换货的速率，给予了消费者以更加优质的购物体验。对应购物平台逐渐形成的良好销售服务口碑后，不同年龄阶层的消费者便会对其形成更多的关注。利用社群为生鲜农产品树立口碑时，必须要学会站在消费者的角度思考问题，善于换位思考，使消费者能真正地接纳他们的农产品，而不只是"劝君上当一回"，要有长远的发展眼光，建立长效的销售机制。

2. 社区团购集中取货模式

社区团购而后集中取货的形式常见于微信群，团购发起者发出产品销售信息，其他人依照选购需求进行产品购买，而后再另外约定时间及地点实现集中取货，进而完成产品的销售。随着生活水平的不断提高，人们在选择生鲜农产品时，更多关注的是它的质量，这就要求农产品销售方在销售生鲜农产品时，必须要以保证农产品质量为前提，然后再考虑如何能进一步扩大市场，提高产品竞争力。①

社区团购集中取货模式既保证了产品销售的新鲜度，又省去了店面租金及店中销售人员聘用所消耗的资金成本。此类微信团购的生鲜农产品多来自供货者自身承包的农产品培育场所，且多为距离当前销售区域较近的乡村，支持此类销售形式等同于直接支持城镇附近乡村经济发展，消费者也能享受到新鲜度充足的农产品。同时，此类模式引导和生鲜农产品宣传，在一定程度回归了"口口相传"的模式。能真正获得民众认可的农产品，其后续的规模性生产及销售发展也会更加顺利。

---

① 陆军毅.精准扶贫背景下生鲜农产品社群营销模式[J].现代营销（信息版），2019（10）：80.

第四章　乡村振兴创新发展的视角
——智慧农业

第一节　我国智慧农业发展的现状

乡村振兴离不开智慧农业建设，智慧农业是实现乡村振兴的重要路径。智慧农业的生产方式正是传统农业向现代农业转变的体现，也是农业现代化发展的方向。自2010年开始，乡村振兴战略便成为我国的一项基本国策，有关智慧农业及农业现代化的研究逐渐深入并取得了长足发展。

智慧农业是指现代科学技术与农业种植相结合，从而实现无人化、自动化、智能化管理。智慧农业就是将物联网技术运用到传统农业中去，运用传感器和软件通过移动平台或者电脑平台对农业生产进行控制，使传统农业更具有"智慧"。除了精准感知、控制与决策管理外，从广义上讲，智慧农业还包括农业电子商务、食品溯源防伪、农业休闲旅游、农业信息服务等方面的内容。

智慧农业是云计算、传感网、3S（遥感技术、地理信息系统和全球定位系统的统称）等多种信息技术在农业中综合、全面的应用，实现更完备的信息化基础支撑、更透彻的农业信息感知、更集中的数据资源、更广泛的互联互通、更深入的智能控制、更贴心的公众服务。智慧农业与现代生物技术、种植技术等科学技术融合于一体，对建设世界水平农业具有重要意义。

在智慧农业建设中，一个很重要的指标就是农业科技进步贡献率。农业科技进步贡献率是指农业科技进步对农业总产值增长率的贡献份额，由于科技进步提高了生产效率，因此农业科技贡献率可综合地反映出科技进步对经济发展作用的大小。一般来说，经济越发达，科技进步对国民经济的贡献率越大。

为了实现智慧农业体系的发展，国家进行了深化布局，着手"1+3+8"重大项目、农村科技体制改革、国家农业科技园区和示范区的建立等工作，都对我国智慧农业建设和新型农业技术的推广做出了巨大贡献。

随着我国乡村振兴战略取得的重大进展，一系列有关智慧农业和农业技术振兴的政策框架、体制架构也初步得到了完善。在政策、资金及平台搭建等多个渠道的支持下，我国智慧农业体系对乡村振兴战略进行了高度赋能，智慧农业战略和农业科技创新实力已经完成飞跃，领先于世界平均水平。

目前，我国针对智慧农业的发展提出了一系列相关政策，尤其是在智慧农业工程、物联网技术应用、人工智能技术和区块链等全新技术的融合领域。为了更好地实现农业全产业链数字化的转型，相关部门提出了要加强智慧农业关键技术创新攻关的有关政策，尤其是在农业传感器、精准作业及现代化农业机器人领域应注重关键技术的突破，持续推进智慧农业产品技术产业化应用。

全国各地政府针对数字农业创新应用基地的建设和农业农村信息化示范基地认定，加快了智慧农业生产经营管理、服务数字化转型。另外，相关部门还制定了一系列有关智慧农业的补贴政策，2021年，农业农村部办公室、财政部办公厅印发了《2021—2023年农机购置补贴政策实施指导意见》，文件中进一步明确了各省份围绕智慧农业智慧农机产品的推广和应用，对其中部分产品补贴比例提高到35%。对全国各地智能化农业机械的研发，也扩大了示范推广购置补贴力度，目的就是为了更好地助推智慧农业体系的发展。

智慧农业是农业未来发展的必然方向，是乡村振兴战略发展的必由之路，它所包含的智能生产和智能农业对构建我国未来农业体系起到关键的作用。虽然在目前我国智慧农业的发展仍处于起步阶段，但在温室种植技术和水产养殖等方面所取得的巨大成就，为我国智慧农业发展奠定了坚实基础。

一、消费领域向生产领域的智慧化

国务院在2015年颁布的《关于积极推进"互联网+"行动的指导意见》中，针对不同产业和领域的拓展和应用工作给出了相关意见。[1] 其中，对互联网从消费领域向生产领域的发展和探索也成了我国智慧农业体系发展的方向。

通过"三产融合"，将原来集于第二产业和第三产业的技术与资金，引导到第一产业，以实现智慧农业的发展。要推进农业"互联网+"项目及农业物联网的模式，需要具有良好基础的地域或区域引进环境感知技术、实时监测技术、一系列自动控制技术，通过网络农业环境监测系统和智慧农业生产系统的结合，建立一系列智慧农业的基础构架。在应用过程中，农产品的生产区内应敷设物联网技术和自动化系统，实现智慧化生产，将智能浇灌、智能检测、智能节水、智能监控、智能施肥等生产环节有效地链接，形成以物联网为基础的现代化智能农业生产模式。

---

[1] 吴叶青，谌凯，仇秋飞，等. 基于专利分析的"互联网+"设施农业发展态势研究 [J]. 科技通报，2019（1）：6.

此外，现代化农业和智慧农业离不开更加高效且精确的生产操作，比如，大型农用机械的精确定位操作、智慧化饲料传输供给、动植物疾病监控和自动诊断、废料及垃圾回收等。

上述智慧生产模式和智能化设备，在我国大量的养殖基地、种植基地得以推广和应用，并形成了相关操作规范，为我国乡村振兴、智慧农业战略政策的梳理提供了翔实可靠的数据和经验。

二、农业大数据技术的应用

大数据技术是现代化智能体系中基础和重要的一项技术，在各领域和行业当中都有举足轻重的作用。在农业领域中，农业大数据收集和技术应用是实现智慧农业的前提，农业的生产和发展是一个非常复杂的体系，受作物、土壤环境、气候、病虫害及人等多维度的影响。在传统农业现代化发展过程中，上述每一个因素都存在一定变量，而这种多重变量的共同影响形成了农业本身的复杂形态。

此外，我国农业还存在生产规模相对较小、分离度相对较高、季节和时空差异较大、可控性较差等问题，这也导致传统的农业现代化建设需要面对很多不可控制的情况。而通过大数据技术、智慧农业体系、计算机技术将相应变量进行输入，在监测和分析作物及水产养殖的生长状况时，对每一个变量和影响因素进行数据采集，所得出的分析结果更加精确、客观，再通过大数据分析的结果进行灌溉、施肥、病虫害处理，直到完成收割和销售。

这种一体化大数据技术的应用，能帮助农民估计作物产量，降低各种因外部环境影响而导致的减产。同时，还可以在大数据技术和智能分析技术的帮助下，为农民和养殖人员提供更加精准的建议，提高农业效率和农业生产力。另外，近年来我国智慧农业所使用的各种设备也更加先进。比如，监测设备不仅可以监测天气状况和作物生长情况，还可以对泥土成分、水质情况等进行数据采集，再通过大数据对比分析后，形成专业性建议。让农民和养殖人员能更加准确地把握灌溉、除害时机，施肥总量，对整个农业生产的周期和环节进行精准把控。

同时，我国农业数据化大环境也得到了有效改善。自2002年起，由国家科技部门和农业部门共同牵头，组建了国家科学数据共享工程。在农业领域，以9个科学数据共享平台作为试点。

2015年，农业部印发了《关于推进农业和农村大数据发展的实施意见》，其中就明确了有关农业的相关数据信息和行业监测数据，需要在2025年左右实现对农业各产业链条的无缝衔接，要大力推动农业整体生产的智能化水平和网络化水平，使我国农业整体的供应链和价值链形成统一高效的管理，并将农业生产和农业加工、农业销售形成合力，打造便捷化服务体系，最终建成符合中国特色农业发展的大数据农业信息库。

2018年底，我国农业信息系统的数据采集和数据共享已经基本实现全国性覆盖。随着我国网民数量的飞速增加，农村网民规模也得到了极大扩展。

自2020年开始，我国农村已经步入了信息化社会的初级阶段，农业信息化也随之进入了新的时代。

2022年8月31日，中国互联网络信息中心（CNNIC）发布了第50次《中国互联网络发展状况统计报告》。报告显示，截至2022年6月，我国网民规模为10.51亿，互联网普及率达74.4%。其中，使用手机上网占比碾压式领先，比例达到99.6%。移动互联网的普及为中国智慧农业数据的传输渠道打开了新的大门。

三、智慧农业科技企业快速崛起

为了更快地实现全面建成小康社会，加速推进乡村振兴战略，我国各级政府针对农业现代化生产和农业智慧化生产推行了一系列政策和规划。[①] 发展农业科技企业是推动智慧农业发展的重要环节，智慧农业的发展不仅需要依靠政府的政策和相关技术的应用，同时也需要农业科技企业在其中的串联作用。随着我国各类农业科技企业的转型以及大数据技术、区块链技术、物联网技术的进一步普及，我国大量农业企业走上了科技化的道路。

一部分农业科技企业选择结合大数据监测技术和物联网技术，搭建有关智慧农业和乡村振兴的数据平台。通过对各种实用农业技术的研发，打造不同特性的检测系统，在良种繁育、温室种植和水产养殖等领域均取得可喜成就，并且在环境保护部门和动物保护部门的共同努力下，我国水产和农业种植领域还有针对性地强化了部分作物品种的引进，打破了其他国家的垄断，丰富了老百姓的餐桌内容。

另外，在智能监控设备的研发制造环节，我国利用先进的制造工艺和数据采集技术，设计并生产了一系列环境智能监测设备、农业智能传感设备、无线数据采集和传输设备。这些设备的应用不仅能帮助农业种植掌握更加精确的信息数据，同时在水产养殖领域也能做到对不同类别的环境因子进行分析检测，获取最佳的养殖水质数据。上述智能设备和智能技术的应用，一方面提高了农业种植的产量，另一方面也使我国农业体系的发展更加智能化。

目前，我国智慧农业领域的相关科技企业的主要发力点是针对我国农业环境和农业技术研发一体化、智能化的生产系统。比如，无线物联网温室环境智能监测系统，就能实现对室内、室外温湿度、光照强度、风力、植物光合作用效率以

---

① 杨盼盼.建国以来中国农村土地政策的演变及其当代价值.[D].西安：西安工业大学，2013.

及温室内部的二氧化碳含量和光照程度的实时检测。通过信息采集和无线传输技术,将相应信息传输到中控主机进行分析处理,其后在无人操作的前提下,根据分析结果对室温、湿度、光照等一系列参数进行调整。同时,温室内部的风机、喷淋系统、遮阳系统、照明系统、供热系统、通风系统还可以通过物联网的方式进行链接,打破了传统农业在时间和空间上的限制,真正地实现温室内农业种植的系统化、一体化管理,节约了大量的人力成本和时间成本,并且减少了人为操作存在的各种弊端。

四、试点建设与智慧农业技术在生产环节的推广

智慧农业体系中的各类科学技术只有在实际农业生产环境进行实践和验证后,才能完成最终的技术推广,才能为我国乡村振兴战略做出贡献。同时,其在我国未来农业智能生产的有效体现,也能充分说明智慧农业技术在我国农业生产中的适用性。目前,在我国各地建立的农业生产示范基地,都在致力于将各类农业科学生产技术完成实际的运用和转化,希望能通过智能技术推动智慧农业的发展,提高农业生产效率,降低农业生产成本。

随着各种政策、技术、设备的综合性发展,我国农业物联网示范工程也在天津、上海、安徽等地区得以试点和推广。目前我国已建成国家级农业产业化示范基地209个,且分布在我国各个地区。其中,国家农业产业化示范基地主要分布在华东和华中地区,合计占比为全国土地总量的50.5%,其中排在第一的是华东地区,全国农业产业化示范基地为73个,占35.8%。华中地区排名第二,国家农业产业化示范基地为30个,占比为14.7%。华北地区、西南地区、西北地区以及东北地区国家农业产业化示范基地数量较为接近,在21~25个区间范围,占比分别为12.3%、11.8%、11.3%和10.3%。其中华南农业产业化示范基地最少,只有8个,占3.9%。[①]

报告内容显示,我国黑龙江农垦种植释放工程、内蒙古玉米、新疆长绒棉、北京设施化农业和江苏水产养殖等示范工程,在智慧农业技术的赋能之下,均取得了显著成效。

在各农业科技企业快速研发智能产品和智能系统时,这些示范工程和示范区作为智慧农业的试点单位,也在极力推动各项智慧成果的测试和应用,尤其是在大棚种植、温室种植、水产养殖等领域,智能技术同样大放异彩。比如,四川省泸定县"智慧农业大棚小番茄"项目,就是在小番茄的整个种植和生产过程中安装了智能监测系统、智能灌溉系统、物联网管理系统,实现了对大棚温度、湿度

---

① 王东杰,李哲敏,张建华,等.农业大数据共享现状分析与对策研究[J].中国农业科技导报,2016(3):6.

的智能化把控，实现了水肥自动化施工。再比如，广汉智慧农业水产养殖项目，就将智慧监测系统和物联网信息接收设备进行了有机整合。养殖人员可以通过手机和平板电脑等电子设备终端随时查看养殖基地的所有数据，并且还能接收到由中央主机所发布的各种预警信息和警报。根据警方内容对出现问题的设备进行有机调控，让整个水产养殖技术链条更加科学高效，这种模式不仅降低了水产养殖的能源消耗，同时也提高了水产养殖的产量，达到了为养殖人员增收的目的。

第二节　国外智慧农业的经验借鉴与启示

农业无论对哪个国家来讲都是国本的关键，都有着举足轻重的作用。智慧农业作为农业未来发展的必然方向，几乎所有发达国家都在结合本国农业特点的基础上，花费大量的时间、精力和学术资源对其进行深入研究。美国、德国、日本等工业化程度较高，对农业资源依赖程度更高的国家，尤其注重农业发展的科技属性和科技含量，并在借助智慧农业提升作物产量，提高农业生产安全性等环节都做出了不同的尝试。学习和借鉴其他国家在智慧农业发展过程中的经验，可以帮助我国农业未来的发展规避风险。

一、美国智慧农业

（一）美国智慧农业的发展概况

美国自建立之初到19世纪70年代左右，一直是一个以农业主导国民经济的农业化国家。南北战争也是由农场主作为主要参战方，充分说明了在此阶段美国对于农业发展的重视。进入20世纪之前，美国也一直是依靠农业的发展积累了现代工业化所需要的大量资金。与其他资本主义国家相同，美国也是依靠农业起家，随着工业体系及其他产业的不断发展建立起了资本主义的初始形态。在这一过程中，农业在其生产总值中所占的比例持续下降，20世纪90年代左右，农业在美国GDP中的占比仅剩2.9%，但是作为影响国民经济最为关键的一环，美国的农业仍然高度发达且规模极大，是世界上体量最大的农产品生产国和出口国。

（二）美国智慧农业的发展特点

美国的智慧农业体系可以用四个字来概括——精准农业。这一理念是在20世纪80年代由美国率先提出的，精准农业一直以来也都是美国农业发展的具体方向。实行精准农业标准也使得美国成为世界范围内农业体系最为领先的国家之一。美国的精准农业概括起来就是依靠互联网技术和物联网技术为智慧农业奠定良好基础，并带动全农业体系实现智慧化革命。

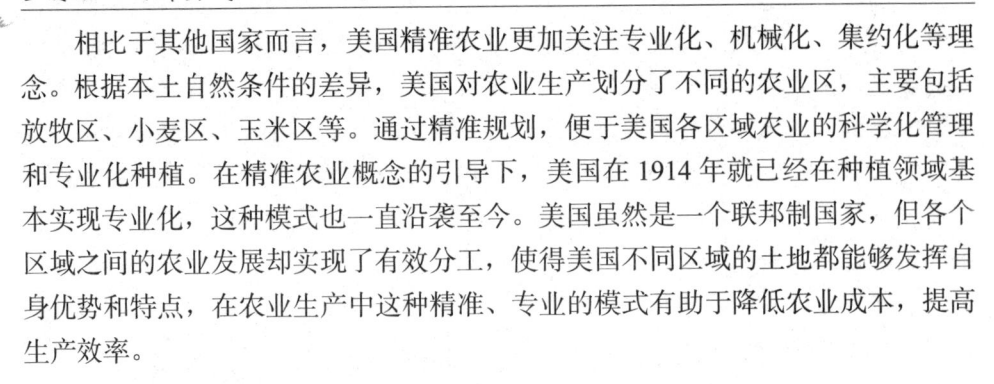

相比于其他国家而言，美国精准农业更加关注专业化、机械化、集约化等理念。根据本土自然条件的差异，美国对农业生产划分了不同的农业区，主要包括放牧区、小麦区、玉米区等。通过精准规划，便于美国各区域农业的科学化管理和专业化种植。在精准农业概念的引导下，美国在1914年就已经在种植领域基本实现专业化，这种模式也一直沿袭至今。美国虽然是一个联邦制国家，但各个区域之间的农业发展却实现了有效分工，使得美国不同区域的土地都能够发挥自身优势和特点，在农业生产中这种精准、专业的模式有助于降低农业成本，提高生产效率。

（三）美国智慧农业体系的发展

在精准农业的实施过程中，美国智慧农业体系的萌芽也在逐渐萌发。

美国发展智慧农业的关键举措集中在"农业+物联网"的模式上。通过不同的物联网技术，美国农业针对农产品和农作物在种植、生产、销售的前、中、后三个环节进行了跟踪监测和数据采集。正是基于这种大数据技术所提供的信息，实现了农业生产的智能化模式升级，尤其是集约化程度更高的美国玉米种植和大豆种植，其对互联网、物联网大数据等技术的应用也已经非常成熟。

在普及精准农业概念的过程中，美国对农业相关的气候因素关注程度最高，气候变化不仅会直接影响农业生产的结果，恶劣天气甚至极端天气还有可能导致作物减产或绝收。从另外一个角度来讲，农业生产和农业规划也是气候问题的一个重要组成部分，由于农业生产而导致的温室气体排放会直接影响地球的大气环境。因此，美国在精准农业和智慧农业的推广过程中还诞生了气候型智慧农业理念。气候型智慧农业能够提高农业生产效率，生产更多的粮食作物并给予粮食生产最基础的安全保障，确保世界范围内75%的贫困人口能够依靠农业为生。气候型智慧农业可以增强抗灾害能力，在面对旱涝虫害疾病以及其他多种农业灾害时，可以提高农业生产的一定适应能力，确保在面对短季节不稳定极端天气，或长期气候影响时保障基础粮食产量。气候型智慧农业能够有效降低碳排放量，在智慧化技术的影响下，每一卡路里或每一公斤食物的制造排放量都能够得到有效控制。比如，美国的Climate Corporation公司就是一家致力于精准农业、智慧农业、气候农业研究的公司，其主攻的技术方向是通过前几年的气候数据分析形成精准的气象预测。在数据收集环节会利用遥感技术、制图技术、扫描技术、建模技术覆盖美国农业生产的大部分土地并形成气候资料，再根据分析结果预测未来一段时间内的气候变化，确保农业发展在面对不同情况的气候变化时，能提前做好防护工作，减少由于气候变化产生的损害。

在农业产品销售环节，美国依靠自身强大且完善的互联网电子商务系统，对传统的农业销售进行了转型和升级，再配合美国发达的交通运输和物流体系，使智慧农业的销售模式和销售端口完成了和农业生产的连接。

（四）美国政府在智慧农业发展中的作用

美国政府在智慧农业的发展进程中扮演着极为重要的角色，是美国现代化农业和智慧农业发展的核心推手。在很多人的理解中，美国作为世界上最为发达的工业化国家，一直以来都是以工业强国的形象展现在世人面前。实际上，美国的农业同样处于高度发达的水平，政府对重要的农业经济活动和农业事务参与程度极高，在市场经济体制下一直在对农业体系的发展进行强有力的宏观调控，并对很多农业计划都有相应的投资措施和保障措施，而这也是美国智慧农业得以发展的基础。

另外，自1966年开始直到2014年，美国政府相继颁发了有关农业信息化的多项法律法规，并针对智慧化农业发展提出了信息自由、信息共享、差额补贴、无追索权贷款等一系列计划和方案。其目的就是为了推动农业信息化服务体系建设以及完善的农业信息管理。发布休耕补贴、灾害补贴等方案，一直以来也是美国政府对农业扶持的有效措施，正是在这样的发展规划和法律保障基础上，美国智慧农业才得以发展起来。

二、德国智慧农业

（一）德国智慧农业的发展概况

德国并不是传统意义上的农业大国，在德国从事农业生产的人口不足其总劳动力的2%。在不足70万的农民人口中，想要养活所有德国人就需要每个农业劳动力平均养活100人，这种难度和压力可想而知，而德国农业超过80%产品都做到了自给自足，这是因为其农业生产的工业化水平极高，体现在德国农业机械化的应用极为广泛，很多大型农机设备非常先进。

从农业体系的构成来讲，德国主要以谷物、甜菜种植，猪、牛饲养为主，整个农业生产环节的资料收集和储存，牧场的收割、堆垛以及一系列农业产品的生产包装等环节，都能看到德国农业机械化的影子。

从另一个角度来看，德国的农业生产虽然机械化程度高，但是很多德国农村却面临着通信覆盖率严重不足的问题，很多德国农民对互联网的信赖程度不够，不愿意将自己农场的相关数据上传到云端或者分享到农业数据库中，这也在一定程度上制约了德国智慧农业的发展。

（二）德国智慧农业的特点

德国智慧农业的发展在一定程度上和美国属于同一体系，都是依赖大量机械化生产的精准农业。与美国农业生产相比，德国的农业劳动力需求更低，其智慧农业发展也被称为数字农业。德国是世界领先的工业强国，其智慧农业的发展也更加依赖于与工业体系的结合与应用。德国恰恰是基于"工业4.0"的基本理念，将数字化农业作为本国智慧农业最核心的发展方向，将大数据技术和云计算技术进行联动，实现了每一块田地在气候、水分、温度、湿度、土壤、位置的信息采集，这种数据化自动传输并控制大型农机进行精细化作业的模式，也成了德国智慧农业最大的特点。

另外，德国政府还在积极推动开发农业数字化技术，希望能帮助农民优化生产环节，提高生产效率。德国著名的软件开发供应商 SPA 公司，在汉诺威通讯展览会上首次提出了数字农业解决对策，该对策可以实现在电脑上同时展现多种生产信息。比如某块农田所播种的作物类别，作物受光照的实时强度，泥土中水分含量和有机质含量、肥料应该如何播撒等。这种实时监控实时反馈的数字化技术还可以和物联网技术进行关联，将收集到的相关信息和大型农用机械以及智慧农场的一系列硬件设施进行关联后，在云端进行信息处理并提供决策方案，能直接指挥农业机械进行精细化作业。农户只需要根据 GPS 导航模式下达相应指令，农用机械就可以在几厘米的偏差范围内进行精细化操作。

（三）德国智慧农业的发展措施

德国智慧农业的发展非常注重研究成果的落地，并且对利用未来技术提高农业生产力这一观点给予足够重视。

另外，德国希望通过对农业生产体系价值链的研究，帮助农民找出生产的实际需求，认为只有解决农业生产需求才能提高农业生产力。在这样的模式中，农民提高了对数字农业、智慧农业的接受程度，同时也加速了德国智慧农业的发展。

（四）德国政府在智慧农业发展中的作用

德国政府对智慧农业的发展非常重视，并且提出了详细的智慧农业推动计划。第一阶段从2005年到2007年，主要集中在精准农业技术的发展上。其后从2008年到2014年则着重探讨了智慧农业技术的实际应用方式，在这一过程中，德国农业协会也发挥了不可或缺的作用，作为一个非营利性的独立组织，德国农业协会一直致力于推广农业机械化生产，推广畜牧养殖技术，提高食品安全和饮料生产质量。同时，德国农业协会还会针对农民定期组织相关的培训，希望能通过帮助农业生产者进行更好的作业来推动智慧农业的发展。

德国作为欧盟成员之一，也在一定程度上代表欧盟组织对未来农业和智慧农业发展的态度。欧盟及其旗下的众多成员国都在组织农业商会，为农业生产和农产品市场提供相关信息和服务。在交易环节，欧盟通过期货市场的发展对农产品生产和农业经营进行了高度赋能，尤其是对大型农产品经营者和进出口公司，将通过期货市场进行交易。同时，欧盟出台的套期保值政策，也能在一定程度上降低价格波动对农业发展带来的影响，通过建立农业保险机制帮助农民减少风险，更好地应对自然灾害。即便是在面对严重的农作物病害、虫害时，仍然可以通过保险获取一定资金，这也是确保智慧农业长期发展的有效政策。

三、日本的智慧农业

（一）日本智慧农业的发展状况

日本农业体系的发展，受到地理环境因素的影响更大。日本作为一个海洋性气候的岛国，其农业自然属性和其他发达国家相比并不出色，尤其是随着人口数量的增加，日本可用耕地面积正在不断萎缩，一度陷入无地可种的尴尬境地。另外，日本虽然是一个人口稠密的国家，但是随着产业体系的发展和调整，从事农业的人口数量也在减少，同样面临着农业劳动力短缺的问题。基于上述情况，日本正在积极推动智慧农业项目的发展，各种新兴农业生产技术快速完成了迭代。

日本的智慧农业体系是以 AI 技术为核心，通过农业资讯数据库的建立，打造全新一代农业体系。由于日本的计算机领域发展起步较早，早在 1994 年，日本国内就已经拥有超过 400 家从事农业生产网络信息服务的公司。其后，日本还建立了国家农业科技信息服务网络，该网络几乎覆盖日本的全部县区，对日本全境的农业生产数据进行实时收集、实时储存和实时处理，这种农业生产信息的收集和资源共享能力，在全世界范围内都首屈一指。

另外，通过计算机技术的应用，日本针对智慧农业的发展建立了完善的商业模型。在农业知识产业化、智慧农民培养、相关领域的产业升级等方面，日本同样涉足很早。在利用资讯流通形成价值链，强化农产品市场开发能力，完善销售终端等多个领域也凸显了智慧农业的重要作用和先进性。

（二）日本智慧农业的特点

日本智慧农业的发展，对物联网技术的依赖程度很高。自 2004 年开始，日本政府在推动智慧农业体系建设时，就将发展农业物联网技术作为其重要核心。日本总务省所提出的方案就是建立在农民和农业生产、农民和农业机械、农业机械和农业技术等多层关系上，希望实现单一的人和单一的物进行关联的农业物联网技术。该技术直到 2014 年，随着物联网应用范围的不断扩展，最终得以实现，甚至在日本其覆盖率超过 50%。物联网技术的应用不仅提高了日本的农业生产力，同时也解决了日本劳动人口不足、务工人员年龄结构不合理等问题。

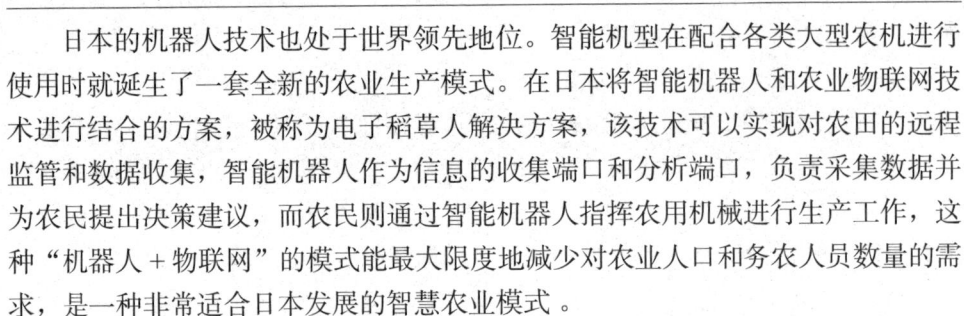

日本的机器人技术也处于世界领先地位。智能机型在配合各类大型农机进行使用时就诞生了一套全新的农业生产模式。在日本将智能机器人和农业物联网技术进行结合的方案，被称为电子稻草人解决方案，该技术可以实现对农田的远程监管和数据收集，智能机器人作为信息的收集端口和分析端口，负责采集数据并为农民提出决策建议，而农民则通过智能机器人指挥农用机械进行生产工作，这种"机器人+物联网"的模式能最大限度地减少对农业人口和务农人员数量的需求，是一种非常适合日本发展的智慧农业模式。

（三）日本智慧农业的发展措施

相比于其他国家而言，日本智慧农业体系的发展措施在理论与实践相结合方面非常有代表性。比如，在构建智慧农业系统过程中，日本建立了与之相匹配的农业专家系统，通过相关系统的运行，不但可以为日常农业生产提供必要的解决方案还能通过专家系统的辅助积累有助于农业生产效率和质量提升的各种措施。通过专家分析和数据分析共同形成可供后人参考的案例和经验。再比如，日本实行的农业用地集约化管理政策，不仅增强了农业竞争力，同时也使农业用地的附加值得到提升。同时，日本在推动现代化的农业建设以及智慧农业建设的过程中，也遇到了很多问题。比如，日本所推行的智慧化农业模式成本过高，通用性不强。由于日本自身的农业体量规模不大，因此智慧农业模式的推广成本始终难以降低。日本存在很多小规模农场，这些农场想要统一标准化模式，利用现代成熟技术降低开发成本的难度较大。在通用性上，由于日本各地区智慧农业所使用的系统不同，彼此之间的资料和信息难以得到交流和共享。

（四）日本政府在智慧农业发展中的作用

日本近年来持续受到人口老龄化和劳动力短缺问题的影响，使得日本政府不得不采取一定的措施来确保现代化农业的稳定发展。一部分农业老龄化人口对智慧农业的接受程度较低，日本政府就需要采取农业计划性补助，帮助高龄劳动力或残疾劳动力解决自身社会福利问题，而对于一部分小型农场或养殖项目，要通过政府牵头建立数字化档案，并根据不同标准推行"AI+智慧农业"的基本策略。一方面日本政府致力于保障智慧农业信息化的发展，另一方面又要解决自身天然存在的各种短板和问题。

日本政府在智慧农业发展中的作用，首先，要维持现有农业体系的稳定，尤其是要解决人和土地之间的矛盾问题。其次，需要根据现有的农业体量对农业发展的现状进行梳理和归类，并结合大数据技术对其进行分析和认定。最后，根据分析结果选择适合且匹配的智慧农业技术。与德国不同，日本政府在智慧农业工作的推广中更多扮演的是服务性的角色。

四、国外智慧农业对我国的启示

（一）智慧农业离不开政府规划与政策引导

智慧农业作为乡村振兴的重要路径，离不开政策的合理引导。智慧农业的发展，在各个国家都和政府的宏观调控有着密切关联。智慧农业作为我国新生事物与未来农业发展方向，在大力提高了生产力的同时，也会在局部调整生产者的关系。在这个过程中，政府的规划及相应的政策、法律、法规的颁布与实施就显得尤为重要。通过政策法规对智慧农业进行规定和引导，对新的生产者关系进行调整和规范，智慧农业才能顺利成为乡村振兴的承托与未来。

我国智慧农业体系仍然处于初步发展阶段，虽然可以参照其他国家的发展路径，但是如果缺少了政府的参与和建设，那么必然会脱离原本既定的轨道。因此，政府需要针对智慧农业的发展出台一系列法规和政策，要鼓励智慧农业企业加速对农业信息化技术的研发，要着重督促各地方政府成立示范区和示范项目，积极收集相关案例和信息，建立统一化、标准化的智慧农业生产信息化数据平台。

（二）智慧农业的发展需要完备基础设施

从几个发达国家在智慧农业发展过程中存在的问题不难看出，智慧农业想要取得发展，离不开政府对农业生产体系的合理规划，同时还需要建立完善的基础设施环境。只有根据自身情况制定合理有效的发展策略，因地制宜地进行农业生产技术研究，并将二者进行有机结合才能提高农业生产效率，降低农业生产成本。

我国农业具有土地面积大、种类多、情况复杂、不好掌控的特点，想要对基础农业区进行规划就需要更加依赖高新技术，发挥大数据和云计算技术的统筹能力，还要合理地保障智慧农业的标准化运作，确保农业基础设施的建设。目前很多新兴技术在我国农业生产中已经取代了传统技术，各种新型生产设备和设施也得到了一定程度的完善，但是在明确智慧化农业发展路线，推动智慧农业和物联网大数据技术相结合的方面，我国依然存在短板，想要解决这一问题，就离不开政府的合理规划，将企业、院校、研究所、农业部门进行有机结合，才能在技术和应用方面真正做到有问题解决问题，需要推广就进行推广，为智慧农业保驾护航。

（三）智慧农业推广需要着重提高农村的信息化水平

智慧农业体系的发展和农村信息化水平有着直接的关联，这种关联也会在一定程度上限制不同国家智慧农业的推广，因为即便是在很多发达国家，农村地区的移动通信覆盖面积和信息化水平也不一定很完善。比如日本，就需要针对农村地区的老龄化人口进行信息化水平的提高，而德国则需要提升农村地区的移动通信覆盖面积。我国虽然移动通信技术的起步时间较晚，智慧农业体系的建设时间较短，但是相比于其他发达国家而言，我国的5G通信技术在和智慧农业体系相结合时拥有得天独厚的优势。

智慧农业需要依托的互联网平台、物联网平台、大数据技术、云计算技术都需要极高的计算力和快速的传输信息能力，这样才能保证智慧农业的信息收集、信息处理、信息传导速率，避免出现智慧农业系统、大型农用机械、农用设备和智能机器人之间的信号传输延迟情况。因此，我国需要着重提高农村地区的信息化水平，通过各环节共同发力来确保智慧农业发展的硬件和软件条件。

第三节　乡村振兴战略下发展智慧农业的有效措施

一、发挥政府规划与引导的作用

我国智慧农业拥有较为特殊的背景：从地理背景来看，我国国土面积排名世界第三，且是唯一一个拥有全地貌的国家，第一产业地理覆盖范围广泛，地形复杂；从生产者的角度来看，我国是世界人口第一大国，拥有大量农村劳动力，并且其从业结构比较复杂；从时代背景来看，我国正处于社会主义建设初级阶段，目标是大力推进乡村振兴。鉴于以上背景，结合我国智慧农业发展现状，参照世界其他国家成功经验，我国政府应在智慧农业发展中充分发挥中央政府和地方政府的积极性，构建中央与地方政策法规体系，引导并推动智慧农业的发展。

中央政府构建智慧农业顶层设计，对智慧农业参与者、自然资源、技术与资金四个方面的相互关系进行规定与引导，统筹规划全国不同地区智慧农业发展进度，颁布法律法规、政府政策文件，确保所有参与者的合法权益，确保智慧农业快速发展并真正服务于乡村振兴建设。

各级地方政府应充分发挥信息富集的特点，在中央政府的统一领导下，在中央关于智慧农业的纲领性规定下，充分结合当地情况，发挥信息优势，根据地方治理的实际需求，制定不同政策及相关规定。在确保智慧农业真正服务乡村振兴的前提下，最大限度地刺激并推动智慧农业发展。

首先，政府需要重视智慧农业人才的培养，需要制定一系列智慧农业人才的培养战略。智慧农业作为新兴产业和高新产业，不仅需要政府构建细致的发展方略，同时也需要储备大量具备专业知识的优秀人才。目前，我国智慧农业人

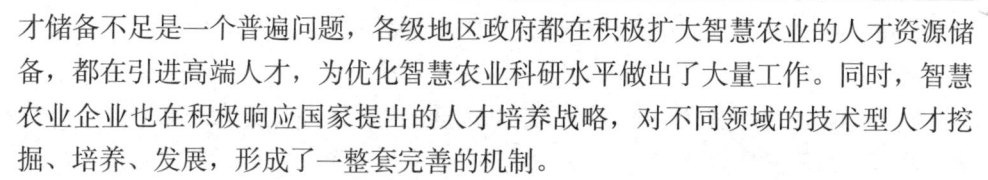

才储备不足是一个普遍问题，各级地区政府都在积极扩大智慧农业的人才资源储备，都在引进高端人才，为优化智慧农业科研水平做出了大量工作。同时，智慧农业企业也在积极响应国家提出的人才培养战略，对不同领域的技术型人才挖掘、培养、发展，形成了一整套完善的机制。

由于我国智慧农业的发展时间较短，很多相关知识和内容还没有完成标准化统一，有些技术型要点受制于信息传输渠道还没来得及普及和推广。因此，在智慧农业人才战略中，政府应在人才培养环节发力，有必要进行农业物联网技术人员的定期培训。发挥校企结合项目的灵活作用，让企业和学校以及研究院进行联动，有目的地进行订单式培养。让各大高校都充分发挥自身的教育教学优势，为我国智慧农业的发展培养更多高水平人才。

同时，高校还需要重视学生理论和实践能力的结合，既要确保学生掌握智慧农业发展所需要的各种理论，也要学会将相关理论内容在实际工作中进行应用和推广，保障智慧农业技术在使用环节的通畅性。此外，企业作为智慧农业系统的主要开发者，同样需要积极推广宣传自己研发的产品。一方面要让使用者能清晰有效地了解到不同产品的优势所在，另一方面也可以通过相应的宣传和推广策略拉动参与者的积极性，使其加入到智慧农业的推广活动中来。

智慧农业的研究工作还需要做好试点、试验工作，对内要明确研究目标和研究方向，对外积极展示自身的技术与成果。需要注意的是，这种展示切忌避免假大空的宣传，而是应该将注意力放在项目和成果的实际应用能力上。应该增加实际使用方法的解释和说明，积极推广智慧农业技术的应用，结合各地区的实验数据来提高产品和成果的说服力，促进我国智慧农业不断完善发展。

政府还需要针对我国智慧农业未来的发展进行合理规划和布局，制定一系列法律法规和国家标准。智慧农业的发展离不开传统农业的基础，每个地区由于自身土壤环境、气候、温度、湿度等一系列因素的差异，都有适合自身种植的作物和养殖的类别，这种农业模式是智慧农业发展的根基，也是智慧农业找到农业发展体系和自然环境之间关联的有力佐证。

智慧农业的目的是对传统农业做出调整，让农作物取得更大的产量为农户增加利润和产值，但是智慧农业不是变魔术，需要因地制宜，需要遵守农业的基础规律。各级政府需要结合实际情况，将智慧农业体系的发展和当地的文化特色进行结合。比如，带动休闲旅游农业的发展，带动文化历史特色的发展，这就需要政府对智慧农业的路径进行合理布局，才能使智慧农业的发展少走弯路，尽快实现目标。在法律法规层面，智慧农业作为一项新产业需要国家及时出台制定策略，为智慧农业的发展提供法律层面的保障。对于有关于智慧农业的很多行业标准和一系列经验缺失等问题，需要联合科研机构及智慧农业企业共同探讨，设立标准，确保法律法规从理论阶段到试行阶段都有章可循，最大限度地保障农民的切身利益。

政府还需要加强智慧农业的公共服务建设，并对农业文化和产品进行大力宣传。通过政府层面所设立的智慧农业公共服务平台，不仅可以指导农民从传统农业向智慧农业进行转化，也有利于指导我国农业智慧化生产、销售模式的建立。通过相关平台，农户和养殖人员可以了解到智慧农业发展的最新资讯，看到适合智慧农业的最新技术，并做出适合生产的策略调整。智慧农业平台的建立还可以加强对农户和土地的管理，做到监管、宣传、推广一体化的服务模式。除了借助公共服务平台外，对于智慧农业文化与产品的宣传也是政府的重要职责之一。受到上千年传统农耕文化的影响，我国农民对于传统农业的依赖度极高，对于智慧农业接受起来往往有一定困难。同时，一部分农民由于自身文化水平不高，无论是通过互联网渠道进行学习，还是由政府组织的智慧农业培训效果都不理想。针对这一情况最为适合的方式，就是由各地政府和相关部门建立示范区，以示范项目的模式向农民展现智慧农业的真实成果，让农民看到智慧农业的优势，并慢慢接受这种理念的转变。

智慧农业系统的推广绝非一朝一夕就能实现，政府需要了解智慧农业的特性，积极推广智慧农业，做好试点、试验工作，充分发挥各种渠道的宣传推广作用，这样才能促进我国智慧农业体系的发展，让更多农民积极主动地参与进来。

二、加大智慧农业推广力度

由于农户对智慧农业的认知不足，部分投资者对智慧农业的理解也不够深入，因此目前我国智慧农业发展资源配置效率不足，很多项目都只是各地政府、企业推行的试点工程。农业部门对相关内容的研究和探索也还没有形成一套成熟的结论，因此还未大规模进行应用，但不可否认的是，即便是智慧农业的相关技术得到的长足进步，想要在我国农业领域进行推广和应用，仍然是一件艰巨的任务，其中很重要的一个原因就是受限于推广力度不足，许多农业生产者对于智慧农业的认知程度太低，绝大多数生产者还接触不到这一新兴技术，因此就更无法将其来用于他们的实际生产。政府和企业有针对性地做好智慧农业的相关推广工作，将大力促进智慧农业的发展。

（一）重视农业信息的推广

农业信息不仅包括农业及农业相关领域的各种信息集合。在我国信息技术飞速发展的今天，农业信息更是包含了针对农业信息进行整理采集和传播的一系列信息化建设进程。农业信息的推广不仅可以提高信息工程的实施管理能力，农业相关领域的数据分析能力，还可以针对农业电子政务以及农业信息系统安全保障等方面提供支持。

信赖经验固然可以帮助农民应对传统农业种植过程中出现的各种情况和问题，但是随着时代的发展、农业形态的转变，有很多农民也逐渐发现自身所掌握的农业知识已经不再能很好地应对各种情况，目前我国大部分地区农业种植仍处于相对传统的阶段，很多生产场地较小的地区、山区农业集约化程度不高，规模化力度不够。另外，我国大多数地区的农业生产经营还是主要以农户家庭为单位，这种依靠血缘关系形成的劳动组织无法具备一定的规模，也难以采用集中管理、科学种植的方式来进行改革。

目前，很多农民依然存在"靠天吃饭"的想法，这种想法在旧时代无伤大雅，但是在新时期却会对我国的农业生产造成不利的影响。因此，相关政府部门要不断加强智慧农业的推广，将理论转变为实践，要从研究所和企业中走入人民群众中去，让生产经营者改变自己的传统思维，发现智慧农业的优势，逐步适应农业现代化的发展，这样才能提高我国未来农业的生产效率和安全属性，让种植人员和经营者成为智慧农业发展和推广的有生力量。

（二）重视农用机械管理和应用

农用机械是智慧农业和现代化农业发展的核心要素之一，各种型号的农用机械为农业生产带来了极大便利，提高了农业生产的效率，降低了人工需求和务农成本。我国农用机械的保有量巨大，但是在农用机械化管理和信息化应用方面仍然存在明显空缺。

农用机械无法和智慧农业的发展形成关联，是目前农用机械应用的最大弊端。如何将农用机械和物联网技术进行融合，开发出一套适用于各种农用机械型号的平台和操作模式，才是确保农用机械在智慧农业领域发挥自身作用的有效措施。另外，通过互联网技术建立相应平台，在信息共享的基础上完善对农用机械的应用和操作，不仅有助于使用者和服务提供者建立起更加紧密的合作关系，也便于农用机械使用的信息数据采集，还可以为农机管理部门在未来智慧农业上调整政策和方向提供大量信息。

（三）重视新兴技术的推广

目前，我国很多农村地区的机械化水平已经慢慢得到了提升，很多农民也感受到了新兴技术在生产环节发挥的作用，作物产量也得到了保障。可惜的是，智慧农业和传统农业仍然存在极大的差异，农民在面对智慧农业这种更高一级的技术时，往往还不能够熟练使用，甚至还有些农民对智能设备的操作都很难上手，这就导致真正的万物互联理念和智慧农业体系很难在我国农村快速得到推广，而一旦技术的推广遇到了需要较长周期来解决的问题时，就要求相关部门对自身的传播和推广方式进行调整，一方面要加大新兴技术的推广力度，另一方面还要兼顾农民自身的理解能力，不能揠苗助长。

想要实现高效推广新兴技术的目标可以通过互联网渠道或者新媒体渠道。目前，我国大量农民涌入各大新媒体平台，看视频和线上购物也成了广大农民群众全新的生活习惯和消费习惯，相关部门可以迎合农民这种生活习惯的转变，开设官方账号，发布大量有关智慧农业的信息和视频，让农民能以这种便于接受的方式增加对智慧农业的认识和了解。其次，农业推广部门还需要适当组织人员进行培训，以便更好更快地发展智慧农业。选择参与培训的人员，不建议以年纪较大的老农民为主，而是应该选择年纪较小、接受能力更强，或者外出务工回村的高学历人员。这些人员经历过更加系统的教育，对智慧农业具有更好的适应性，也更容易理解和掌握智慧农业的一系列操作方法和标准要求。

（四）重视政府示范项目的推广

智慧农业的发展和应用本质上仍然没有脱离农业生产的范畴，而农业发展在我国所面临的最大问题，就在于农民和种植人员的接受、理解能力普遍较低。农民不会相信空口白牙的说辞，唯一能打动农民的方式就是眼见为实，因此智慧农业项目需要各级政府充分发挥示范区及示范项目的模范带头作用，让潜在的智慧农业项目参与者看到真实的案例和情况，更加深入地了解智慧农业的相关内容。再结合现场示范以及政策扶持，让农户真正感受到智慧农业的优势，激发出农民学习、使用智慧农业系统的动力。

另外，各地区示范项目的推广能够有效地检测智慧农业中技术的可靠性以及存在的不足，促进市场扩散和商业化的推进。同时，通过示范项目，还能推进相关政策的有效落实，也就是说示范项目的推广并不单纯是一种单向的信息输出，建立示范区和示范项目是为了能得到更多农户的意见和指正，这样才能更好地结合传统农业、智慧农业两方面的优势。

（五）重视税收优惠政策的推广

智慧农业不仅是传统农业的未来形态，更是现代农业的高级形态。智慧农业不仅具有规模化和产业化的特性，同时也会对未来个体农户需要具备的素质进行反推和影响。传统的农户在小规模农业生产场景中，利用智慧农业进行生产的概率较低，只有在大规模的生产土地上，智慧农业才能发挥出自身的优势和价值。但是对拥有大量土地或承包大量土地的农户及种植人员来讲，贸然转变农业生产形式存在巨大风险。因此，想要让这些农民真正认识到智慧农业的优势，并且愿意加入其中就需要政府给予一定的税收优惠政策，这样才能鼓励更多的农户和种植人员，以个体或者企业的形式参与其中。再比如，有些农户之间会形成合作社,这种合作社的体制和传统模式有着一定差别,其目的是通过合作来扩大本身的生产规模,从而使智慧农业的规模化与产业化特点得以发祥。同时,政府还可以设立智慧农业专项资金来扶持智慧农业体系的发展,以吸引更多从业人员加入智慧农业生产模式的实践和应用中来。

三、加大智慧农业科研投入

智慧农业作为一项高新技术产业,需要充分的技术创新和大量的科研投入。智慧农业体系的建设和发展不仅关乎国计民生,同时农业的主体地位重要性和农业所覆盖的地域范围都决定了智慧农业是一个长期可持续的项目,也需要国家倾注大量的精力和资本。这种项目具备一定的社会属性,需要肩负相应的社会责任。因此,在智慧农业的应用方面必须深入了解农业的生产流程,研发具有针对性的能贯穿整个农业生产的智慧农业应用方式。比如,美国和德国所采用的精准农业可以极大地提高农业生产效率,溯源技术可以提高食品安全和智慧农业监管力度,病虫害防治技术在生态农业发展和绿色农业领域都有重要作用,农用机械技术可以实现节能减排。因此,要加大智慧农业的科研投入,就要重视智慧农业的技术创新。

(一)重视物联网技术的发展

1. 物联网技术是智慧农业建设的重要前提

目前,我国农业物联网技术的研究应用尚处于起步阶段,针对精准农业模式所需要的各种传感器及大量设备还处于试验阶段,部分农业企业还未完全完成向智慧农业的转型,而想要快速实现农业物联网技术的应用,就需要国家和政府对企业进行鼓励,赋予政策支持。无论是作为电信运营商还是院校科研机构,只要能参与到物联网技术的研发与创新中来,为我国智慧农业快速发展做出贡献,都可以给予一定政策支持或资金奖励。为了避免出现科研资源的浪费,国家需要重视物联网农业研究项目的课题申报,有侧重性地鼓励传感技术、传输技术、数据分析技术的研发。对于目前我国智慧农业物联网存在的技术难点和不足之处,应给予更多的政策支持,才能吸引更多有志之士加入智慧农业物联网技术的研发工作中来,为我国智慧农业的发展提供必要助力。

2. 智慧农业的物联网技术还需要具有统一的标准

物联网技术标准的统一不能由一家企业或者一家科研机构来制定,而是要充分分析我国各地区智慧农业发展过程中形成的数据,建立起符合中国农业应用要求的物联网服务平台,要对有关智慧农业的一系列技术产品进行系统集成,这样才能满足我国不同地区农业应用环境的需要。

（二）加大科研投入，加大投资力度

在智慧农业的应用系统中需要链接很多种类的技术，包括大数据分析技术、云计算技术、物联网技术、移动通信技术等，这些技术通常并不是单纯地为了服务智慧农业而存在的，在其他行业和领域中也有广泛应用。因此，在智慧农业体系中应拓展和结合其他产业，共同开发全新技术，加大科研投入，拓宽产业领域，才能真正实现在高新技术领域的同步化发展。

智慧农业想要长期可持续发展，就必然需要增加科研环节的投入。目前，我国有关智慧农业的一系列研究大多处于初级阶段，无论是高校还是企业，无论是政府机关还是科研机构，对智慧农业的认知和探索都不足，尚有巨大的研究空间。因此，要加大科研力量，增加科研投入，设立激励机制，提高我国智慧农业的自主创新意识和研发能力，为我国智慧农业的发展提供更多可靠且有效的技术支持。

目前，我国针对智慧农业的投资主要是以政府投入为主，其他方面的资本还未能完全介入其中，为了解决这一问题，需要政府加大智慧农业对外招商引资的力度，设立专项资金，用于支持智慧农业的研发。要充分激发企业积极性，从服务者角度合理配置资源，减少企业研发风险，再给予企业相应的补贴，鼓励企业参与其中，积极探求和扩大投融资渠道，解决智慧农业研发存在的资金不足问题。加快创新性研究，使大量的智慧农业理念和理论能在农业生产中得以实践。

四、电子商务助力智慧农业发展

（一）优化移动通信服务

智慧农业的数据采集和数据传输离不开移动通信技术，在农业生产现场所部署的一系列传感器、接收器与农民手中的控制器之间，所使用的进程通信效果直接关乎信息的采集、分析和反馈。目前，我国部分农村的移动通信服务能力还不完善，部分农业生产现场还不具备部署服务器的条件。另外，有些农业生产现场的面积较大，近程通信设备无法做到全面覆盖，传感器和控制器需要将收集到的数据传送到网关，再由网关传送到服务器中，这就需要远程移动通信服务的加持。

移动通信服务能力，本质上是物联网技术的应用核心，而物联网技术需要远程数据传输具备足够的稳定性，如果农业生产现场的信号覆盖率不足或者信号强度不够，就会直接影响物联网相关设备的实际运行效果。比如，农用机械、喷洒设备、浇灌设备，如果在信号覆盖率不足的环境下运作，很有可能出现各种问题，进而导致农业生产事故。根据相关实验数据表明，4G通信技术能够满足物联网智慧农业链接的基础要求，但是在一些信号不好的生产现场，移动通信会回落到3G甚至2G信号，这种传输速率会导致系统的数据传输不正常，而5G通信技术能很好地适配远程通信设备及链接互联网上的各种物联网系统。目前，我国大部分农业生产现场还没有覆盖5G信号，但随着我国移动通信技术的发展，万物互联必然会成为智慧农业发展的主流形态。

（二）重视电子商务推广

电子商务技术在我国现代化商品市场中占据了极为重要的地位。对未来智慧农业的发展而言，电子商务同样是最为有效的销售渠道。农产品的电子商务体系由来已久，与传统的农业销售体系相比，电子商务或者说是线上销售更加方便快捷。利用电子商务平台，农户可以直接转变自身角色，从种植人员变身成为销售人员，利用网络店铺、视频或者直播的形式，将传统农业销售模式所存在的大量中间环节取消。采用农户直接销售的模式可以达到直产直销，让消费者买到性价比最高的农产品，减少的中间环节也能增加农户的一部分利润，真正做到助农富农。

在这个过程中，为了提升消费者对电子商务平台的信任度，政府应该牵头行业协会、龙头企业制定行业标准，让"直销"农户都要参与其中，执行行业标准。虽然从短期看，农户让出了一部分利益，但从长期来看，农产品标准化才是解决消费者信任问题的根本，有利于形成全国范围内的标准化市场，也是智慧农业真正惠农富农的基础保障之一。

电子商务体验性和新媒体平台的结合，也为智慧农业创造了新的可能性。农业电子商务本身具有良好的开放性，新媒体平台则能吸引更多流量。二者相互结合、相互辅助，既可以达到宣传推广农产品的目的，也可以打造一系列绿色食品观光旅游项目。比如，当下最为流行的采摘游玩、吃住一体化特色农业，就属于智慧农业和新媒体平台的典型结合，对推广智慧农业，增加农户收入都起到了一定助力。

第五章　乡村振兴创新发展的视角
——绿色农业

第一节　绿色农业的概念和相关理论

一、绿色农业的内涵

绿色农业的本质是一种可持续发展的农业生产模式，该模式强调生态属性、健康属性，重视农业发展和经济发展之间的协调和统一。[①] 因此，我们通常认为绿色农业在一定程度上和可持续农业在概念上有着一定的相似性，都是以生态、经济相互协调为基础逻辑的农业发展模式，通常可持续农业具有更加鲜明的理念价值，而绿色农业则更侧重于实践属性。绿色农业可以理解为可持续农业的实践模式，是在总结农业发展历程中以往的农业发展观与发展模式的基础上，而产生的一种符合当前时代发展需求和未来农业体系的新模式。

绿色农业是现代农业发展必然经历的阶段，也是一种能体现生态可持续性和经济可持续性的全新农业发展理念。总之，绿色农业是一种新型农业发展形态，是一种符合各地实际情况的绿色农业综合生态系统。在政策法规、科学技术和管理模式等多方位的支持下，绿色农业呈现出了一种优质、高效、安全，以生态经济系统良性循环为最终目标，对经济效益、生态效益进行有机统一的全新模式。

在乡村振兴视角下的绿色农业，既可以推动常规农业模式的绿色发展，也可以在现有农业体制下诞生新的发展方向，这两种路径的有机结合形成的绿色农业是我国农业现代化发展最终的战略形态和综合体系。对一部分以传统农业模式为主的地区而言，要促进农业绿色化发展需要对一部分农业基础较为薄弱的地区进行新农业体系改革。从这一视角来看，绿色农业在发展过程中所呈现出的一部分特征，正是我国农业现代化转型需求的综合体现。在建立并且发展农业新体系的过程中，绿色农业只是其中的一个理念和需要实现的一个环节。在乡村振兴的

---

① 唐铭一. 绿色农业生态的保护及其可持续发展 [J]. 吉林农业：学术版，2011（1）：2.

大战略和大布局中，还要将农产品的无公害种植生产、绿色食品的加工和推广及有机食品的全面推广，作为绿色农业未来发展的目标。只有确保传统农业及传统农业产品都能在现代化农业的理念下实现全面改革，才能建立一个新的绿色农业体系，转变传统农业发展的模式并推进农业绿色化发展，最终实现绿色农业。另外，绿色农业的另一个目标是要将传统农业推向一个全新的发展方向，比如提供具有高附加值的产品，让生态农业和有机农业真正落地生根。这一目标的实现，不仅可以将我国农业在世界范围内的影响力大大提高，同时对于农产品的出口外贸环节也可以获得更多的利好。

绿色农业的核心环节是绿色农产品的生产及销售，无论是有机食品和绿色食品的生产，还是各种无公害农产品的加工运输，这些技术和环节都覆盖了整个现代化农业体系的各个过程，也可以说绿色农业是传统农产业在细节和链条上的一次有机升级。

从宏观角度来看，绿色农业不仅是有机农业的形态展示，同时也是生态农业本质化的体现。在此环节中，生态农业将作为绿色农业的一种基础形态出现，而绿色农业则是一种高附加值农产品生产和销售的目标形态。与其他产业相比，农业体系的发展会受到生态环境及其他多种因素的共同影响。由于生态环境的不同，世界各个国家的劳动力构成与农业发展成本千差万别，而新型农业发展模式对于各个国家的重要性和战略意义也有所不同。同时，在现代化农业发展过程中，各个国家制定的食品安全标准和农产品标准也不尽相同。但是不难发现，其中存在的共性包括农产品和食品的发展方向必须要以安全优质、营养和无污染为核心。绿色农业所覆盖的农产品生产、加工、运输，就是一种涉及多项产业的新型农业发展模式。其中不仅包含农、林、牧、渔等行业，也会在农业产业基地、绿色农产品加工以及主题休闲观光项目上发力。

二、绿色农业的典型特征

绿色农业是一种农业的新型发展形态，在特征表现上具有传统农业的基本性、复杂性和系统性，其中的差别在于，当有机物、环境及人类社会劳作被视为一个整体时，每一个不同因素作为变量，都可能会对农业发展模式产生影响。另外，绿色农业还具有区域性、功能性、多样性和脆弱性等特征，这些特征在一定程度上和传统农业发展模式有着相似性，但在发展过程中又呈现出了有别于传统农业的特点和形态。

绿色农业更强调发展的连续性，更强调农业生产和人类社会的自我发展必须进行内在协调。只有人类社会的发展和农业生产的发展都遵照生态可持续性和社会可持续性规律，才能在绿色农业体系中实现技术可持续性发展和经济可持续性发展。①从生态发展的角度来讲,绿色农业必然以可再生资源为重要依托,对于农业生产的环境有着极高要求,一旦人类社会在发展过程中对农业生产环境造成破坏,那么绿色农业就只能成为一种理念而无法付诸行动。只有合理地保护和利用当地自然资源,才能确保自然资源的可再生性和可持续利用。

从人类社会的发展角度来讲,绿色农业、绿色消费、绿色生产等一系列理念的倡导都是基于人们过去在不断征服和驯化自然界过程中所产生的错误观念和做法。当人类对大自然滥砍滥伐索取无度时,自然界回馈的所有结果也都会由人类来承担,因此只有将人与自然和谐发展的观念借助绿色农业进行推广,根植在每一个人的心中,才能转变人们在处理自然环境问题和农业发展问题时的陈旧观念。从技术发展的角度,绿色农业对现代科学技术的应用程度更高,尤其是对于生物技术、有机技术、数字技术的应用,实现了现代化农业发展的安全保障和产能保障。与此同时,绿色农业最为关注的食品安全也是基于人类观点的转变和使用技术的不同,更倾向于为消费者打造健康的体魄,提供充足的营养并保障自然环境和人类社会共同的可持续发展。

绿色农业体系的另一个特征是安全性。对于农业而言,最核心的安全目标是保证农产品在种植、生产、加工、包装、销售、运输等一系列环节中的食品安全及无污染。对绿色农业而言,绿色和安全是其最大的特性和标签,也是绿色农业能够获得较好市场口碑的核心元素,是绿色农业最重要的品牌保障。通常来讲,绿色农业的安全属性包括产品安全及环境安全两个维度。在环境安全方面,无论是种植还是养殖物,在生长和成长过程中都具有一定的自然特性和能力。其本身就能适应自然生长环境,所以在人工种植或养殖环节应尊重这一特性,既要给予大自然充分尊重,也要把握好动植物和自然环境之间的关系。这样才能整合好土壤、气候、水质、营养等多项因素,构建良好的作物与自然环境生态系统。

绿色农业就是强调在自然属性的基础上,通过人力的作用来强化生态系统的自我修复和自我维持能力,这样才能确保绿色农业的安全性和可持续性,而在产品安全方面,人与自然的和谐共处只是最基本的环节,在农产品的生产和加工过程中,相关企业和部门需要根据国家制定的食品安全标准,接受来自政府有关部门及社会各界的监督。这是为了确保农产品的绿色属性,无论经历多少个人工干预的环节,都需要将绿色农产品的安全性放在首位。

绿色农业还具有一定的循环性。在整个绿色农业的产业体系中,每一个链条都需要重视自然资源的可再生性与循环利用,绿色农业之所以被各个国家所重视,最为核心的要素就在于绿色农业在可循环性方面的表现。比如,我们国家虽然拥有广袤的国土面积,但是想要让每个国民都能吃饱穿暖,对于农业发展的整

---

① 章尺木,骆玲. 论区域经济可持续发展[J]. 生态经济,2005(12):4.

体规划和土地资源的利用非常关键。一直以来，我国的农业体系发展不仅重视农产品的生产和先进的技术成果，而且还将对资源的利用和保护放在首要位置。既不能涸泽而渔，又要充分发挥每一平方米土地的作用。因此，对于农业生产各个环节的资源回收，就成为减少资源消耗总量的必然途径。资源的可循环利用就代表了减少整体投入，减少整体投入又意味着能获取更大的利润空间。所以，想要实现长期稳定的绿色农业生态发展，最终实现可持续农业和有机农业的目标，就需要重视绿色农业中对资源的可循环性利用，应在每个人工干预的环节，通过大数据技术进行计算，构建合理的资源回收和循环利用机制。

三、绿色农业建立的标准化

绿色农业的建立和绿色农产品的生产都需要在国家相关部门制定的标准上开展。由于绿色农业和绿色农产品的生产加工所涉及的环节众多，因此只有通过标准化的生产基地建设，才能对其生产规模、生产质量、生产工艺、生产标准进行衡量。另外，如何判定农产品是否无公害，是否属于绿色食品和有机食品，必须要有统一标准，而想要达到绿色食品标准或有机食品标准，就需要先对生产基地进行标准化建设。目前，我国正在推动的农业标准化，对农业体系和农村经济的发展至关重要，无公害农产品、绿色食品和有机食品的生产加工，是农村经济向高附加值转型的必然途径。所以要将绿色农业标准化生产和绿色农业基地标准化建设作为农业标准化的基本建设目标。同时，绿色农业的标准并不是一成不变的，随着农业生产技术和农产品加工技术的不断创新，无公害农产品也需要提高农业生产技术规程和质量安全标准。只有不断提高安全标准，才能使绿色农产品质量得到优化，只有实施标准化生产才能提高标准化产能，而这也是我国绿色农业发展的一条全新道路，是相关从业人员必须完成的历史使命。

只有从种植、加工、运输及包装、销售四个环节构建标准化的绿色农业生产基地和绿色农产品供应链，才能充分发挥绿色农业和绿色食品品牌的优势，而在推动农业标准化的进程中，还需要注重对农产品安全标准及质量标准的制定。农业体系的转型，是为了更好地发挥农业优势和农业作用，但同时也必然会对传统农业造成一定冲击。无公害农产品和绿色农产品固然对食用者的身体健康更有优势，但人们传统农产品所具备的固有认同感和传统农产品的性价比也是相关部门需要着重考量的。所以绿色农业的标准化建立，除了要在绿色农业体制发展本身的基础上进行，还需要站在宏观角度对整体农业发展概况进行梳理和剖析。

在传统农业向绿色农业进行转型时，不能一味求快，不能为了实现目标而进行转型。而是要依托产地的现有资源，站在有利于农产品产业带建设的视角下，对农业标准化进行分段式的布局,这样才能兼顾传统农业的现状,陆续开展对无公害农产品、绿色农产品、有机农产品的宣传和推广。①而绿色食品和有机农业生产基地的建设,也应以现有的农业生产基地为核心,以点带面,连线成段,在各个环节和各个方面对农产品的质量和安全水平进行优化。这样既能够充分发挥我国现有农业的成果,又能快速地完成绿色农业的转型,在标准化质量管理体系和标准化产业发展这两个环节都能做到兼容并蓄,避免了新、老农业体系之间所存在的矛盾和不兼容问题。

四、绿色农业发展的相关基础理论综述

(一)可持续农业发展理论

在农业体系的发展过程中,可持续性是确保农业产值持续增长的核心标准。与其他行业相比,农业的可持续性从根本上是指在维持资源基础的同时农业生产力的增长。从生态学的角度来讲,可持续农业理论是指在满足当代人对农产品数量和质量需要的同时,不能损害后代人利益。

农业的可持续发展核心在于对土地资源的合理规划以及资源的利用,如果对自然环境的依赖程度过高,或者化学能的投入过大,虽然能在一定时间内提高农业生产力,但是却会影响自然环境和农产品质量。在比较了各国可持续农业的发展之后,总结出:为了实现农业可持续发展,需要对自然环境、社会效益、农产品的产量这三方面综合考虑。尤其是在不破坏资源与环境的基础上,为后人保存更多的利益和条件方面,既要满足当代人的需求,又需要合理地规划化学能的投入以实现这两者之间的平衡,这才是农业可持续发展的核心内容。

可持续农业的指导原则是可持续发展理论,要维护人类社会的长期发展利益,就需要注重对生态平衡的保护,注重对自然资源的节约,最大限度地避免由于人类活动而造成的环境污染。要想实现从田间地头到百姓餐桌所有的产业链条都充分与绿色农业科技结合,就必然要在一定程度上牺牲农业产量,很多农民和相关政府部门工作人员也很难在这两者之间达到很好的平衡。所以可持续发展农业理论最关键因素,是要将传统农业技术作为基础,将生产和经营无污染、绿色、健康农产品作为农业体系未来发展的目标。②在这样的指导思想下,才能将可持续农业作为可持续发展的一个环节,将环境因素和经济因素进行相互协调。

农业可持续发展理论的最终目标是要实现农业生产和自然环境保护的双赢,

---

① 席运官. 钦佩. 有机农业生产基地建设的理论与方法探析 [J]. 中国生态农业学报,2005,13(1):4.
② 卜帆. 我国绿色农业发展存在的问题及对策探究 [J]. 科海故事博览:科技探索,2010(8):1.

一方面要为人们提供更加优质、安全的农产品，另一方面又要平衡社会需求和生态环境，避免出现双输的结果。

（二）生态农业理论

生态农业概念是由美国土壤学家在1917年首次提出。这一概念的引入在我国农业界和学术界引起了广泛的关注与讨论。我国的生态农业概念，无论是从理论体系还是从实践方式和西方国家相比都有所差别。在我国现代农业体系的发展过程中，生态学概念的引入在于如何加强对生态环境的保护、如何改善农业生产工艺和技术、如何借助系统的方法，以及现代科学技术加强农业生产的集约化、机械化。在此过程中，需要遵从农业生态学和农业生态经济学相关发展规律，并以此来构建全新的农业生产体系。

生态农业就是依照生态学原理，利用现代技术和管理理念，对传统农业进行升级的过程。在此过程中，需要平衡农业经济效益、农业生态效益和农业社会效益。要合理地分配农业自然资源，保护生态环境。对于生态农业体系的发展，需要做到因地制宜、合理规划。生态农业体系的建立，需要站在维护人类社会长期发展的视角下，将生态平衡理念、节约资源理念和保护环境理念进行充分融合，以确保未来农业和未来农产品实现绿色生产。

生态农业所注重的产业链条在于将所有产业环节都用绿色农业理念来进行整合。要确保农产品从田间地头到消费者手中的所有环节都能够实现绿色有机，并且在整个环节涉及的育种和种植内容，也应该提前规划好精加工与粗加工的差异，确保农产品市场的合理流通，让消费者买得放心、吃得安心。

（三）有机农业的相关理论

有机农业理论是在传统农业生产过程中，逐渐摸索和形成的一套生产标准，只有按照相应标准进行农业有机生产，才能真正实现技术的创新和应用。同时，利用生态环境及自然循环的规律，找到农业种植和自然恢复之间的平衡，实现有序发展。

有机农业的概念产生于20世纪20年代，但是直到20世纪80年代，一部分发达国家在制定了国际及国家标准后，才开始重视有机农业的发展。20世纪90年代，我国有机农业的发展才正式起步，国家相关部门才开始鼓励农民逐渐从传统常规的农业生产逐步向有机农业生产进行转化。1984年，中国农业大学针对生态农业以及有机农业开始进行研究和项目开发；1988年，国家环保局逐渐开始对有机食品展开科研工作。

在有机农业的研究工作中，土壤作为最重要的物质基础是不可或缺且难以再生的自然资源。耕地遭到污染就必然会影响农产品生态安全，而有机农业就是要针对土壤安全属性进行修复，确保土地安全才是构建农产品生态圈的重要保障，但是被污染的土地想要得到有机修复需要较长的周期和极为复杂的程序，涉及的影响因素也有很多种，很难通过某一项单一的修复技术使其恢复最佳状态。在实际操作环节，工作人员需要针对被污染的土壤环境进行分析，找到污染源并且分析污染程度，再结合污染土壤本身的属性，选择适合的修复技术。

目前的土壤污染修复技术也存在一定的弊端：一是不论使用物理、生物还是化学的土壤修复方法，都无法完全修复某种情况导致的严重污染；二是任何一种单一的修复技术，无法全面去除所有种类的污染物，也就是说目前世界范围内对于受污染土壤的修复方法，还没有一条放之四海皆准的标准。只有因势利导、因地制宜，充分结合各方面影响因素，采用多种联合修复技术，才能有效地针对土壤污染进行综合治理，达到理想程度的土壤修复的标准，彻底解决土壤污染问题。

总的来讲，可持续农业理论、有机农业理论和生态农业理论这三种理论对绿色农业体系的建立和发展都有重要的指导作用。三者无论是在各自的侧重点还是内在理念上都有千丝万缕的联系，而三者的共同目的又可以归纳为强化农业生态环境建设，确保农产品实现高产、优产。其中，可持续农业理论是绿色农业的理论基础，生态农业理论是绿色农业的核心内容，有机农业理论则是绿色农业的根本目标。[①] 我国绝大多数地区的绿色农业体系建立和发展都需要借助上述三种理论作为指导，并且以生态保护和农业可持续发展为目的，协调经济发展和环境保护两者之间的平衡。各级政府应当尊重经济增长规律，服从自然环境法则，将生态经济学理论和现代科学技术发展融入绿色农业体系中，充分发挥绿色农业在现代农业体系和现代经济发展中的指导性作用，推出更多优质高产的农作物和农产品，以实现经济发展和农业发展双赢。

第二节　乡村振兴战略与绿色农业发展的相互关系

一、乡村振兴战略对绿色农业发展的促进作用

乡村振兴战略的实施是为了更好地接续扶贫攻坚战略，对于我国农村经济体系的建立起到了指路明灯的作用，对我国现代化智慧农业的发展具有很深远的意义。同样，对绿色农业的发展也起到了指引作用，主要表现在以下三个方面。

第一，我国开展乡村振兴建设前期，主要通过提高农业基础设施建设的水

[①] 金赛美. 中国省际农业绿色发展水平及区域差异评价[J]. 求索，2019，312（2）：91-97.

平促进农村地区公共产品供给。自乡村振兴战略实施以来，针对全国地方各级政府，国家始终强调要坚持加快推进农业农村现代化发展，因地制宜地规划适合的发展路线。在保证农村现代化建设发展速度的同时，更要注重发展方向和发展质量，切勿盲目发展，更不能存在虚假建设和虚假宣传。为了更好地促进农村现代化发展进程，各地村镇应以国家出台的相关政策法规为指导，深度构思乡村振兴的理念和模式，走出与国情相符的乡村振兴道路。另外，在乡村振兴战略的实施过程中，传统的农村和农业发展体系必将会走向现代化，届时农村的经济和社会环境也将发生翻天覆地的变化。在农村实现现代化的发展过程中，最为关键的一项任务就是要完善农业基础设施的建设，为我国现代化农业体系的转型奠定硬件基础。比如，针对农田水利建设工作，如何利用现代化技术和新型材料来提高农田节水灌溉率，如何根据农产品的销售渠道来建设农产品流通站，对于农业生产环境应该如何加强防护林建设和用材林基地建设等。这些工作在传统农业体系中的重要程度并不高，但是在现代化农业、智慧农业和绿色农业体系下，却是最为关键的基础要素。与此同时，随着我国农村现代化发展形势一片大好，全国各地的农民收入也在日益增加，越来越多的贫困村在摘帽后也找到了全新的农业经济发展方向。而想要让更多的农民加入绿色农业的建设体系中，就需要对农民进行有关农业的教育和培训，这一方面的财政支出也必然会增加。在绿色农业体系的建设和发展环节，这种支出是非常必要的，农民对先进的农业技术接受程度越高，愿意积极、主动地参与到农业绿色发展建设中去的人数越多。有了足够多的农民参与后，绿色农业才能真正地推广开来，成为我国现代化农业的支柱和农村经济发展的核心力量。

第二，我国乡村振兴建设的目的是更好地推动农业合理化发展。在乡村振兴战略实施的过程中，全国各地政府需要注重农、林、牧、渔业及其各类相关产业的融合，明确这种思路在农村发展中的重要位置。对于一部分更加倾向于传统农业的农民，政府需要颁布各种补贴及优惠政策，促进相关产业的转型升级。在对不同的产业进行细致划分时，不难发现其中农业作为第一产业中产值占比最高的行业，政府想要推动其全产业链的发展时，必定也会不断地带动农村第一、第二、第三产业的融合，不断地激发出农村经济发展的新潜力，提高相关产业的竞争力，而要实现这一产业融合的目标，就必须要各地政府深入了解本地区农业供给侧改革的策略和方向，做好产业融合和产业规划。同时，还需要将发展重心从注重经济效益转变为注重发展质量，提高农业发展的效率，减少不必要的生产资源浪费。另外，政府还会建立相关的发展评价体系和考核机制来监督农业全产业发展的成效，推动农业合理化发展，为农业绿色发展提供条件。

第三，我国乡村振兴建设需要重视农业信息化水平的提高。随着我国信息化技术的飞速发展，国民对于互联网的认知和使用情况日新月异，尤其是在新媒体平台爆发阶段，更是彻底改变了我国农村人民的生活和劳作习惯。在大数据时代，所有产业和行业的现代化发展都离不开数据分析和信息处理。如果农村信息缺失，或者信息化程度不够，就势必会成为农业农村发展的障碍。因此，乡村振兴战略在实施的过程中，各级政府对农村信息化的发展都表现出来高度的关注。为了能在更短时间内补齐这块发展短板，就需要找到农村最有代表性的产业，而农业作为农村发展占比最大的产业，农业信息化水平也必定会受到社会各界的更多关注。所以为了提高农村的农业信息化水平，各地政府纷纷出台农业信息化人才吸引政策，目的就是引进更多信息化专业人才，让这些人才能够扎根农村，踏踏实实地为我国农业信息化建设服务。同时，政府也将为农业信息化发展提供相应的补贴，积极吸引各类投资。随着国家政策和补贴的投入，各类农业、专业技术的组织和机构也在逐步建立和完善。比如，为了更好地满足智慧农业和绿色农业对于生产管理技术的更高需求，由政府牵头，各地乡村企业也会尝试性地与各大高校相关农业专业进行合作，以校企合作的形式来设立专门的科研点，再将农业农村现代化发展过程中遇到的实际问题进行整理，让师生团队以专项课题的方式进行申报或者研究。各地乡村也可以和互联网企业进行合作，将乡村作为试点，利用网络公司研发的各种系统、平台、技术搭建全新的智慧农业体系和绿色农业平台，充分发挥学校、企业、政府这三方在农业发展中的作用。总的来讲，这些举措能保证农村农业信息的有效获取，各种现代化互联网技术的应用也可以增加农业信息交流沟通的渠道，在提高我国绿色农业信息化水平的同时，还可以持续为绿色农业的发展提供优秀的人才支持和技术支持。

二、绿色农业是实现乡村振兴的必由之路

针对绿色农业的特性，我国在乡村振兴战略中提出了"产业兴旺、治理有效、生态宜居、乡风文明、生活富裕"五个核心要求，所以想要实现乡村振兴的伟大目标，就必须要走质量兴农的道路，走绿色农业的道路。

绿色农业的现代化发展可以有效地推进乡村振兴战略的实施，尤其是在农业领域结合新技术、新理念、新方式，实现可持续发展的道路上，绿色农业和乡村振兴更是有着密不可分的联系。

绿色农业的发展可以推动我国农村的产业兴旺，使农民的经济收益提高，生活变得更加富裕。在绿色农业的发展过程中，传统农业由最初的粗犷式发展逐步转向环境友好型发展模式，这种发展模式对自然环境的破坏程度有所降低，对自然资源的消耗和可持续发展更加有利。同时，在绿色农业的发展模式下，农村的生态环境与居民生活条件也得到了改善，使得我国乡村和城市化之间的发展差距

进一步缩小。

绿色农业属于智慧农业的范畴，在各种科技的影响下，农民与外界沟通渠道变得更加多样化，农村的各种产业类别也会更加丰富。比如，农村环境的绿色化，会在一定程度上促进农村休闲养老模式的革新，吸引更多喜欢山清水秀的宜居环境的老人。农村的环境得到优化，产业类别丰富后，还能促进旅游观光业发展，让更多的外地人或者城市居民利用周末和节假日的空闲时间到农村进行游玩。既可以欣赏美丽的乡村风景，又能品尝各种特色美食，还能亲自动手采摘果蔬。再比如，绿色农业所带动的物流、电商业等环境友好型行业的蓬勃发展，也有利于农村和外界的进一步沟通，可以打破地域限制完成农产品销售路径的优化。归纳来讲，未来的农村产业由原来以单一的农、林、牧、渔业为主，逐步向第一、第二、第三产业融合发展推进，绿色农业的发展必然会在一定程度上促进农村产业兴旺。

各地政府积极推进绿色农业的发展，也是为更好地着力解决许多地区农产品存在的化肥、农药超标、产地环境污染严重等问题。保护好农村的自然环境，才能大力推进质量兴农。要想实现乡村振兴，就必须加快绿色农业的标准化、农产品的品牌化建设，同时还需要出台一系列的政策和法规来强化农业质量安全监管。

随着我国市场经济的蓬勃发展，国民物质生活水平有了极大的提高，对各种产品的质量要求更加严格。尤其是农产品作为国民餐桌上的"进口"食物，更是从以往单纯地追求吃饱、追求性价比，逐渐转变为追求品质，这种消费理念和消费习惯的转变，预示着我国绿色农业的发展已经取得了初步的成果。而通过优化农产品质量来提高农产品单价，提升农产品的销量，可以使农民的收益进一步增加，在满足消费者的不同需求的同时，农业生产所造成的环境污染也在逐渐下降。这就使得我国宝贵的农业资源得到了有效保护，自然资源的无意义消耗得到了遏制。现代化农业的生产效率提升，农业的总体产值也将稳步提升，农民的生活条件改善，使广大农民的生活更加富裕。在这种良性循环下，还能吸引更多进城务工人员重新返回农村，加入我国农业的现代化建设工作中来。

绿色农业的发展对形成治理有效、生态宜居、乡风文明的新农村具有积极影响。为了更好地实现农业绿色发展，解决绿色农业的生产效率问题，政府也在积极推进现代化农业理念和一系列有关的农业新技术。全新的农业种植理念和技术应用，必然对乡村治理体系的要求更高，标准也更加严格，无形中就会促使乡村治理形成更加高效的体系。随着我国城市化、工业化、城镇化建设的加快推进，很多地区的农村生态系统逐步退化，水资源和土壤资源受到严重污染，再加上部分农户和商家为了获取更多的经济利益而选择粗放经营，最终导致许多地区化肥农药施用量超标。这种行为虽然能在极短的时间内提高农作物产量，但是会对资源环境造成污染，而且影响土地肥力，最终使农产品质量降低。因此，乡村振兴战略必须依靠绿色农业来实施。各地政府需要负责治污节水，注重结合自身的农业优势优化农业生产布局，根据大数据技术的分析结果来调整农药、化肥的施用量，提高秸秆利用率和农用薄膜回收率。关键是要有意识地逐步建立起全新的绿色农业理念，构建农业生产力与资源环境承载力相匹配的全新农业生态格局，既要注重保护生态环境，又要为广大农民营造更加宜居的生活环境，这样才能确保绿色农业的可持续发展，为乡村振兴战略保驾护航。

在绿色农业的发展过程中，农民也会逐渐加深对绿色发展理念的认知，形成更加深刻地理解和体会。无论是对环境保护意识的深入，还是在绿色农业体系影响下生活环境变得更加宜居；无论是乡村振兴战略中的农产品收益增加，还是农村生产生活模式的改变，农民的幸福感、收获感和满足感会提升，对新乡村振兴和绿色农业的关注度和接受度也自然会提高。绿色农业还在保留农村传统美德的前提下，通过互联网等渠道吸收外界优秀的文化，为乡村振兴战略的实施提供了优良的人文环境。

第三节　乡村振兴战略下发展绿色农业的有效措施

在乡村振兴战略的大背景下，想要更好地推动农业和农村现代化进程，就需要重视绿色农业发展的有效策略，除了要以绿色农业助推乡村振兴战略的实施外，还需要在宏观和微观层面对其进行审视。在宏观层面，党中央、国务院需要在乡村振兴战略背景下，对绿色农业体系的发展可能性提出相应建议，并给予一定的政策保障。在微观层面，各地政府需要结合自身农业发展特性，尽可能多地为乡村振兴战略和绿色农业发展进行协调，并且从理念传播、环境改善、机制设立、金融体系、人才培养等多个环节构建绿色农业发展的有效策略。

一、重视绿色农业发展观念的传播

乡村振兴是一个大的战略布局，而绿色农业则是实现这一战略布局的有效方式之一。绿色农业是实现乡村振兴的一种渠道，而这种渠道想要发挥作用，首先就需要让参与乡村振兴的人能够对其形成正确的认识和理解。绿色农业发展的关键在于人行为观念的转型，绿色农业、生态农业、有机农业、智慧农业，这些立足于农业现代化变革的理论和概念，只有真正融入乡村建设中，融入农民的日常生产、生活习惯中，才能切实有效地发挥其作用。只有广大农民群众对各种新知识、新技术的认知程度和接受程度提高，才能真正实现乡村振兴的战略意图，

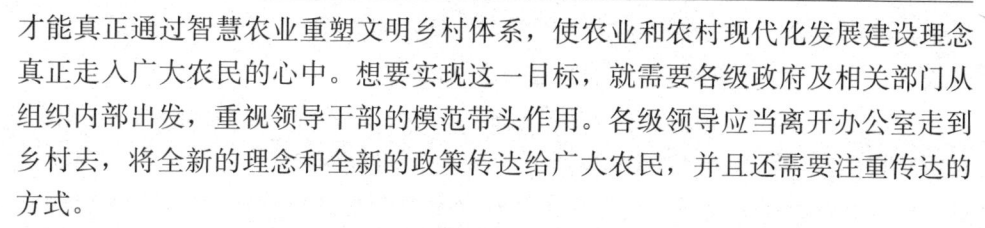

才能真正通过智慧农业重塑文明乡村体系，使农业和农村现代化发展建设理念真正走入广大农民的心中。想要实现这一目标，就需要各级政府及相关部门从组织内部出发，重视领导干部的模范带头作用。各级领导应当离开办公室走到乡村去，将全新的理念和全新的政策传达给广大农民，并且还需要注重传达的方式。

为了更好地实现绿色农业发展观的宣传和推广，各级领导干部，尤其是农村基层干部，要认真学习国家下发的文件，了解各项农业政策，对于不理解的部分应积极组织讨论，积极参与各种绿色农业发展主题的相关讲座。要先转变自身理念，吸收新思想，改变陈旧的农业生产发展观念，再带动广大农民正确地认识和理解新农村的发展方向和乡村振兴的战略意图。对理解能力或认知能力较差的农民而言，应着重强调经济发展和环境保护两者之间的协调与平衡。同时，要更好地完成对乡村振兴概念下绿色农业理念的推广，还应该借助绿色农业龙头企业的影响力、借助科研单位的研究成果、借助各大高校的育人思路，将先进的农业技术和完善的管理思路进行融合，将绿色农业的实践经验和理论内容相融合，带头实现农业农村发展理念的绿色化转变，以试点或其他模式，推动乡村振兴战略下现代化农村的可持续发展。

想要更好地推动绿色农业现代化发展，就需要重视新型发展理念的宣传和推广。对于绝大多数农民而言，根深蒂固的陈旧思想才是影响农业现代化转变的症结，只有通过更多角度更多维度的宣传，才有可能转变农民粗放经营的小农发展观念。具体来讲，政府相关部门可以通过自媒体平台组建官方账号，宣传有关乡村振兴和绿色农业的内容。比如，利用微信公众号或者微博平台，定期或不定期地针对我国各地乡村振兴的先进案例进行宣扬。和城市居民相比，我国农村人口对各类社交媒体平台的热衷程度更高，很多农民都喜欢在劳作之余观看各种视频和电商直播。所以借助全新的社交媒体形式，不仅更加符合当下农民的生活习惯，同时这种全新的宣传形式也有利于激发农民的讨论积极性，能够带动农民参与到绿色农业发展体系中。随着我国网民对新媒体平台使用模式的转变，越来越多的农民也习惯在自己的社交媒体账号上讨论有关乡村振兴的话题，而这种话题也便于形成热点，地方各级政府应该更多地将宣传工作的精力放在农民的自发行为上，为这种行为点赞、关注、进行推送。同时，相关部门也不能放弃传统的媒体平台，针对乡村振兴主题和智慧农业创新发展的相关内容，可以邀请相关农业专家，在电视节目或广播栏目进行传播和推广。这种推广方式主要是针对生活习惯较为传统，还没有完全适应智能手机或者电子产品的农民。因此，这种类型的宣传理念需要更加接地气，尤其是要结合新型农业技术的推广，充分论述绿色农业发展的优势和必要性。通过线上、线下、新媒体、传统媒体等多个渠道的宣传,才能逐步引导农民转变对绿色农业的认知,才能真正使农民投身到绿色农业的现代化建设中来,使其深入人心,潜移默化地改变农民日常生活、生产习惯。

对于一部分农业发展态势较好的地区,或者一部分具有自然资源优势、旅游资源优势的农村地区,当地政府需要在不破坏该地区优势的情况下,尽量推动绿色农业和其他产业的结合。比如,在旅游资源优势的地区,可以尝试开发农业与文旅项目的结合,或者设立生态观光园以及农产品采摘等旅游项目,让周边地区的游客或者城市居民利用业余时间来感受农村的特色文化,放松心情,并激发全社会投入农业现代化发展的热情。此外,各级政府和相关部门还需要重视本地区乡村振兴以及绿色农业现代化发展的最新成果展示。一方面,成果对内展示的目的是要让更多农民认识到绿色农业发展的优势以及参与其中的既得利益;另一方面,成果的对外展示是要加强各地区之间相互交流、相互借鉴工作经验,从更多维度了解乡村振兴工作开展的可能性,了解绿色农业现代化发展有哪些渠道和方法。

二、构建绿色农业政策体系

截至目前,我国针对乡村振兴及绿色农业的发展已经出台了很多新理念、新思想、新战略,为了更好地保障乡村振兴建设及绿色农业的发展,也颁布了一系列的政策法规。这些政策法规的颁布通常是从宏观角度出发,分析我国当前的乡村振兴发展的局势,并有针对性地结合全国各地绿色农业,制定清晰的发展目标和蓝图,规划乡村振兴建设方向。

想要提高我国乡村振兴的建设水平,推动绿色农业的建设和发展,进一步实现农业现代化,就需要因地制宜地结合自身所在区域的实际情况,建立有代表性的绿色农业示范基地或示范区。农业的现代化建设绝对不能一蹴而就,而是需要抱有实验精神,针对某研究方向进行多次多轮的调研和考察,再结合示范区或示范基地的作用,将符合不同地区实际发展的农业技术应用成果进行总结和展示。通过这样一系列完善的流程,可以建立有效的监管机制,明确保障策略应当如何制定。比如,我国部分边陲地区的农业发展情况和中部地区就存在极大差异。对同样的农产品质量和同样的生产加工工艺,边陲地区还需要考虑包装的成本和运输的周期,有些保质期较短的农作物遇到长距离运输时就会出现各种困难和问题,而如果不能彻底解决农产品从生产到加工、从包装到运输各个环节可能存在的情况,那么绿色农业的可持续发展就成了一句空话。因此,各地政府需要根据我国乡村振兴战略的五大要求设立标准,结合自身实际情况制定乡村振兴建设的目标和绿色农业发展的评价体系,并进一步完善现代化农业发展的监督管理机制。需要注意的是,所谓的评价指标和管理体系不应是一成不变的,而是需要根据绿色农业的发展现状和乡村振兴建设的深度进行调整。其核心目的在于，提高我国现代化农业的市场竞争力，充分发挥区位优势，为后续的农业品牌化发展和品牌影响力塑造奠定基础。另外，各地政府还应该将大数据、互联网和人工智能等先进的信息科技手段与质量监督工作相结合，让科学技术成为农业农村发展的有力帮手。

为了更好地推动乡村振兴战略，除了建立绿色农业发展体系外，还应逐步完善我国乡村治理体系，只有将乡村治理和现代化农业发展进行融合，才能充分激发各村镇及农民在乡村振兴建设中的主观能动性。各级政府还需要重点关注绿色农业示范企业及示范基地的作用，要借助示范区建立完善的环境整治方案，在示范区内落实环境保护策略，对于可能出现的各种农业事故明确主体责任人。所以，农产品自身的质量和安全是生产和管理环节中最重要的标准。深化农业标准生产体系建设，调整财政资金投入，找到有利于现代农业的发展方式，整理和实施适合促进各地区绿色农业发展的行业标准和区域标准，严格遵守和实施相应规章制度。

在监管机制方面，需要实现动态信息管理，对生产和销售环节定期发行食用农产品保护指标。严格执行标准化生产，自觉履行第一责任人的相关职责。在乡村振兴战略中，应合理地实施农产品管理黑名单制度，对不良企业进行曝光和惩罚，禁止其产品进入市场。同时，深化绿色农产品市场销售监管，建立健全农产品销售溯源机制，严格防止假冒伪劣农产品进入市场，严厉查处违法行为和假冒伪劣农产品。有关部门应该完善基农业监管人员队伍，加强专业技术人员定期培训，完善考核监督机制。

在其他政策方面，合理有效地实施财政金融扶持政策，是构建绿色农业金融体系的基础。根据以往的工作经验可以得出结论，农户承包的土地面积，对农户参与绿色农业的具体意愿有着显著的正向影响，而扩大农业补贴覆盖面积，又有利于促进农民承包更多土地。因此，合理地扩大农业补贴规模，就是在促进我国绿色农业现代化体系建设。需要注意的是，我国出台的农业补贴政策对于不同类别的作物给予的补贴等级不同，很多农户和种植人员需要通过了解政府提供的补贴政策来选择加入绿色农业的突破口。而作为企业来讲，在现代化农业体系建设中，生态农业、有机农业、绿色农业的优势就在于农产品的附加值更高，产品利润更大。因此，企业在发展绿色农业的过程中，也需要增加对从事绿色农业农户的补贴。

对于绿色农业体系来说，并不是种植面积越大产值就会越高。由于农作物种植面积也会和水利灌溉施肥等一系列技术难题相挂钩。种植面积越大，需要的劳动成本、劳动力和其他方面的投资也会成倍增加。因此，无论是企业还是农户，都需要量力而行。在雨水不利或其他气候异常年份，政府和企业还需要拿出专项资金用于救灾补贴，这样才能建立起相对完善的乡村振兴绿色农业补贴机制。以此不断刺激各地区绿色农业的现代化发展，让更多农户自愿加入绿色农业的行业中来。

政府还需要重视绿色农业投资渠道的建议。由于乡村振兴战略，绿色农业项目通常都是较为庞大的系统工程，而其建设和发展需要依靠各方面的资金投入，如果只是当地政府很难独立承担过于庞大的项目资金，这时就需要金融机构的助力。目前针对乡村振兴战略中的一系列工程，我国各地的农业银行和农村信用社都开通了一系列政策扶持和绿色通道，对于绿色农业项目的投资从审批程序到资金周期，都给予了很大程度的助力。针对绿色农业建设项目，还为个体农户及小型农场设立了小额专项贷款，限定其专门用于从事绿色农业的生产活动。同时，部分地区还尝试性地引入了社会资金，将民间资本作为绿色农业项目投资的补充资金，这种模式不仅为我国绿色农业发展融入了全新的资金血液，同时也使乡村振兴战略的资金来源得到了有效扩充，通过更多方式和更多渠道对绿色农业的发展进行赋能，也使得我国现代化农业体系的构建得到了进一步加速。

乡村振兴战略不是铁饭碗，绿色农业体系也不是旱涝保收，所以相关部门要对各项目的资金使用情况进行严格管控，尤其是对资金借贷中存在的各种风险要做好充足预案。一方面要严格保护农户在绿色农业建设中的利益，另一方面也要避免各种矛盾和纠纷的发生。一切都要以乡村振兴战略的实现和绿色农业体系的构建为出发点，要重视自然生态环境的改善和农民在绿色农业中的增收情况。

三、加快建立绿色农业管理体系

想要更好地建立绿色农业管理体系，首先就需要对现有的政府管理组织进行梳理。不仅要根据市场环境的变化和行业体系的发展来进一步明确各部门之间的责任，更需要按照不同地区的实际情况来扩充现有政府管理组织。立法机构等也需要充分发挥出自身的作用，这样才能为绿色农业管理体系的平稳建立保驾护航。

另外，不论是乡村振兴还是绿色农业，都是一个系统且复杂的体系。只有充足的新型农业人力资源，才能确保有效地利用大量的可再生资源，推动我国乡村振兴战略以及绿色的农业体系的高效发展。比如，绿色农业体系在新型优质农作物的种植环境就包括了选种培育、新型有机肥料的加工生产、绿色节水灌溉技术应用、农业废料无害处理等等，这些环节所涉及的专业知识和全新理念，都不是传统农业人才能够接触和理解的。在乡村振兴战略当中产业兴旺、生态宜居、乡风文明、治理有效、生活富裕五个方面的建设，每个环节和领域都需要具备足够

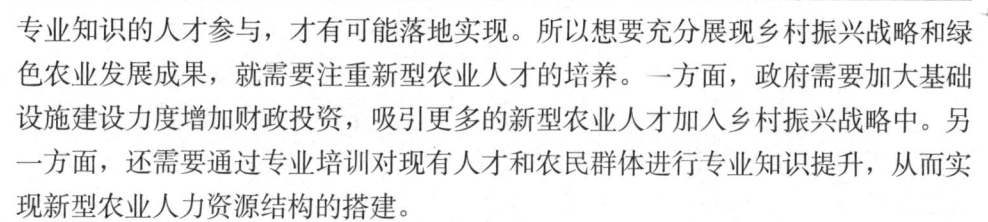

专业知识的人才参与，才有可能落地实现。所以想要充分展现乡村振兴战略和绿色农业发展成果，就需要注重新型农业人才的培养。一方面，政府需要加大基础设施建设力度增加财政投资，吸引更多的新型农业人才加入乡村振兴战略中。另一方面，还需要通过专业培训对现有人才和农民群体进行专业知识提升，从而实现新型农业人力资源结构的搭建。

对于国内的很多农业高校而言，需要对自身的专业体系进行升级。培养具备理论和实践结合能力，掌握大量农业专业技术的乡村振兴战略和绿色农业建设最需要的人才。但是从另外一个角度来看，乡村振兴战略的主战场在农村，很多农业高校毕业生并不愿意到偏远的乡村工作，或者这些地区无法支付高学历人才需求的工资和报酬，这也是导致乡村振兴建设和绿色农业发展缺乏高精尖人才。各地政府需要整合高校资源及农科院等农业科研机构的资源，建立乡村振兴示范基地或者绿色农业示范区，并和高校签订长期的学生实践实习协议，同时针对本区域内乡村振兴遇到的各种问题及农业发展存在的各种情况进行共同探讨和研究，充分地发挥农业高校学生在校期间的优势，增添学生理论和实践结合的经验。在吸引外地农业人才来到本地乡村进行工作时，政府需要根据自身实际情况及专业人才的具体能力制定优惠政策。比如，针对乡村建设工程和绿色农业项目设定科研基金，吸引更多的优秀农业人才投入绿色农业现代化建设工作中来。同时，不同城市之间也可以进行科研项目的合作，以乡村振兴带动农业绿色发展，以农业绿色发展推动乡村振兴建设；加强区域间的交流合作，带动周边地区的农业科技创新能力提升，推动农业农村现代化发展。

乡村振兴战略和绿色农业建设也离不开大量的新型职业农民。新型职业农民不仅需要掌握专业的农业技术，还需要理解乡村振兴战略目的和绿色农业的优势，要热爱农业，懂得管理，能合理地利用农业资源。要有保护生态环境、推动绿色生产的理念，还需要具备现代化的管理能力，为了培养更多高素质的新型职业农民，各地政府需要定期组织农业知识培训，针对绿色农业需要掌握的各类农业生产技术和先进的农业管理方法，进行教学和示范。另外，为了打消农民的疑虑，对有条件的地区，还应优先建立绿色农业示范区。绝大多数农民都相信眼见为实，只有看到了绿色农业在农业体系上的优势，才会放弃传统农业模式而加入其中。对国家和政府给出的不同优惠政策，也需要由专家来进行宣讲。要传授农民致富的技能，同时还要解答农民关于乡村振兴和绿色农业的各种问题，这种宣讲和培训并不是为了提高农民的文化程度，而是要改变传统农民的固有思想和老旧理念。只有让农民真正认识到乡村振兴的优势，提高对绿色农业发展的重视程度，才能涌现出更多高素质的新型职业，农民才能更好地践行绿色农业理念，为我国乡村振兴战略添砖加瓦。

无论是以学校为核心的人才培养战略，还是以现有农民为主的专业理念提升，人才的培养都离不开交流和合作。各城市各地区之间需要建立完善的人才交流机制，这种人才教育的本质是不同地区乡村振兴战略层面的交流，是绿色农业体系发展问题和矛盾的交流，是带着问题的交流，是以讨论、分享、论证为主要目的的交流，这种交流同样是一种高效的人才培养战略和优化体系。对不同地区的农业生产而言，不论是传统农业模式还是生态农业、绿色农业、智慧农业，都会受到各种外界因素的影响，而这种影响最终导致的结果，在一定程度上决定了绿色农业是否能够长期可持续发展。

四、充分发挥优秀企业推广作用

近年来，随着我国政府出台的一系列有关乡村振兴战略的优惠政策，很多企业都在尝试性地涌入农产品市场。目前，我国农产品市场的竞争可谓相当激烈，无论是各地政府还是经营企业，都已经逐渐认识到品牌效应的重要性，也觉醒了一定的品牌意识。同时，随着我国物流体系的逐渐成熟，各种生鲜及农作物的物流成本进一步降低，而这又一次刺激了我国农产品的市场竞争。另外，随着国家地理标志等一系列第三方认证机构进入农业市场，这对我国农产品市场的品牌意识和品牌价值塑造也形成了巨大影响。

很多企业、农户、政府为了增加自身产品的市场竞争力，为了提高消费者对自身产品的好感度，选择借助绿色农业塑造产品品牌。绿色农业产品的品牌化不仅可以有效地拓宽农产品市场的影响力和覆盖面积，同时品牌价值也在一定程度上决定了产品的附加值，这种产品附加值的品牌化体现，促进了我国绿色农业产品的产业化和市场化。在面对激烈竞争的市场环境时，相关人员不得不从源头提高农产品的市场竞争力，而这种品牌效应的塑造通常是全方位的，无论是产品本身的质量，还是品牌能够提供的服务，都成了塑造品牌影响力和品牌声誉的重要条件。对那些过度依赖传统农业体系的农户和企业而言，失去了品牌效应，就等于失去了产品的销售渠道，在互联网时代，失去销售渠道就代表失去市场竞争力。虽然目前我国绿色农产品的市场机制还不够完善，但是良好的品牌和口碑塑造，却能快速地建立消费者和供应商之间的联系。供应商为消费者提供的服务，不再仅限于产品本身，更是为消费者提供安全保障、质量保障和一种溢价服务，而消费者在绿色农业体系中，无论是对产品的来源有疑问还是对产品的质量存在质疑，都可以通过现代化的农产品追溯系统进行验证。

五、加快绿色农业科技创新的脚步

在我国乡村振兴战略的实施过程中，很多农户反馈对于绿色农业的认知程度不够，深究其原因是无法掌握绿色农业的生产技术。绿色农业的生产技术是在传统农业的基础上，结合大数据技术、物联网技术、溯源技术和多种高新技术的融合体。农业科技的创新和生产技术的全面进步，是我国绿色农业可持续发展的必要条件。同时，农业生产技术优化也是乡村振兴战略不可或缺的一环，但是对绝大多数农民来讲，所谓的绿色农业生产技术就是在传统生产模式的基础上，增加了很多烦琐且无法理解的操作过程，而这也是一部分农民不认同绿色农业，甚至抵触新型生产技术的核心原因。对于大多数个体农户而言，其拥有的土地和种植面积有限，绿色农业生产技术对其影响较小，没有在实际的经济利益上产生很大影响，但是对绿色农业相关企业而言，全面的技术进步和匹配的政策优势则是其快速发展的必要条件。比如，在农产品种植过程中，利用绿色农业技术选用优质的绿色种子，种子需要具有抗旱、高产的特质，并且适应企业所在地的自然气候条件。再比如，在株苗培育的环节，应如何借助绿色农业技术来严格防治虫害问题、种子成熟后如何利用专业技术进行采摘、如何防止采摘过程中出现对绿色农产品的损坏、如何避免影响农产品最终的外观和质量，也是需要掌握的核心要求。所以，加快绿色农业科技创新的脚步势在必行。

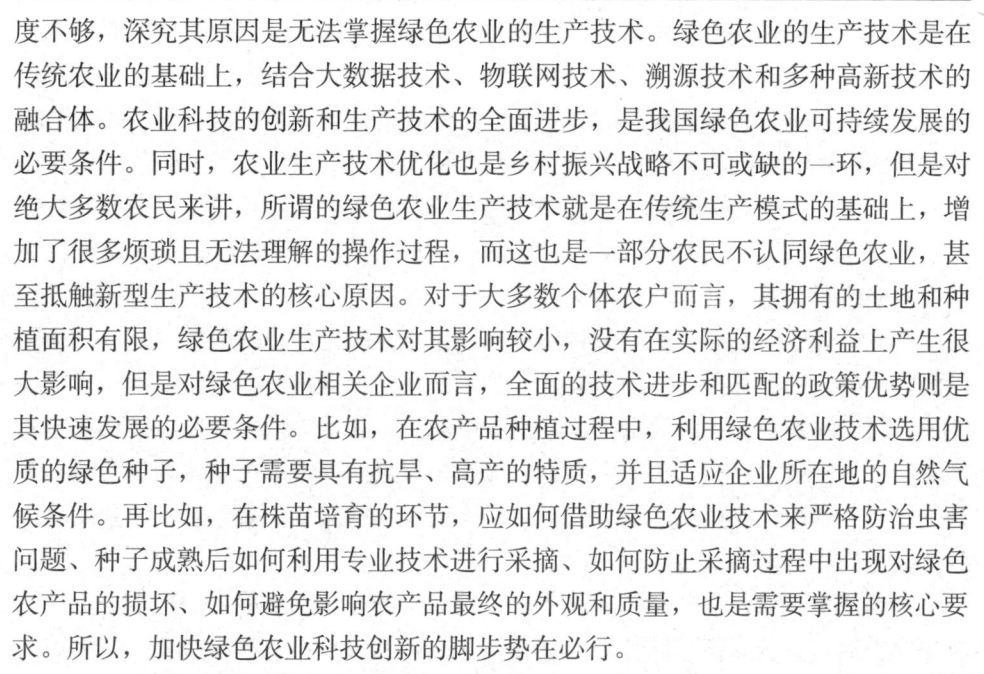

此外，全国各地的农企在发展绿色农业时，还需要注重绿色农业科技创新的脚步，结合企业自身的经营范畴和技术特点，有目的地做好科技创新规划。同时，还需要保证企业产品种类齐全，保护产地的生物多样性，如果产地内有各种野生蔬菜、菌类的种植，更要注意保护自然环境，避免破坏自然资源和生态稳定性，避免影响农产品的品质。

六、突破传统消费观，强化绿色消费意识

绿色农业体系的建设离不开绿色消费意识的形成。任何一种体系的塑造都具有一定的连贯性和两面性。对于农业而言同样如此，农业并不仅仅是种植和生产，包含了使用和消费，而传统农业之所以对我国农民影响颇深，实际上是由于我国消费者仍然坚守着相对传统的消费观念，这种情况在国家政策及高新技术的影响下，在近年来得到了快速改变。电商直播带货这种形式，彻底改变了我国消费者的消费观念和消费习惯。对老百姓而言，只要拿起手机就能看到厂家和品牌方在线上卖货，甚至能看到明星在带货，这种模式在传统的消费逻辑中是不存在的，也正是这种模式和商业逻辑的转变，为我国乡村振兴体系中绿色农业消费理念，打开了一扇全新的天窗。

虽然我国正统的绿色消费模式仍然处于较为初级的阶段，但是在很多新兴技术以及销售模式的加持下，已经有很多消费者完成了对绿色农产品的购买和消费行为。其中最为典型的代表就是明星带货和乡村振兴助农直播，通过自己的官方

账号或者其他销售渠道所完成的绿色农业产品交易，都可以归属到绿色消费体系中。但很多消费者并不是针对产品本身的市场竞争力和产品优势而完成的购买行为，而是在乡村振兴或者助农的理念下，又或者是在自己习惯消费的直播间中顺带完成的绿色消费行为。可以说，目前我国消费者对于绿色农产品的认知程度还不高，绿色消费观念也不强，绝大多数绿色农产品在电商或互联网渠道形成的交易是电商这种销售形式的附带结果，而想要真正增强消费者的绿色消费意识，离不开各地政府及龙头企业的正向引导。

首先，各地政府需要通过各种渠道向居民宣传绿色消费的理念，并且鼓励居民消费各种类别的绿色农产品；其次，为了配合这种宣传，还需要在市场和销售环节，对于绿色农产品的消费给予一定的政策支持和优惠，包括发放线下购物的代金券、体验卡，线上购买的现金返利等。结合正向宣传和优惠政策能帮助消费者更好地了解绿色农产品，当消费者认可产品本身的质量和服务后，能激发出自身的绿色消费意识。

提高消费者绿色消费意识，还需要遵循一定的原则和规律：一是市场上的供应需要满足需求的原则，绿色农产品在销售端口的供给不能和消费者的实际需求存在明显差异；二是绿色消费本身就具备公平性原则，在同一区域或同一时间段内，绿色农产品需要保障消费者的权益，不能因为自身是绿色农产品就刻意提高销售价格，或者制定一定的消费限制，应为消费者营造舒适的消费环境，让消费者对产品和品牌感到亲切，愿意复购；三是要重视消费的人性化原则，随着我国市场化经济的逐渐繁荣，以人为本的销售理念已经融入了很多行业和领域中，而绿色农业和绿色消费作为一门新兴的产业，同样要融入其中，要严格管控市场上出现的不正常消费现象。绿色农业的发展既包括产品的种植和生产，也包括产品的交易和销售。消费者的绿色消费意识不断强化，能促进绿色农业体系的成熟和完善，二者之间具有相互促进的作用，只有共同发展才能实现共赢。

七、推进生态环境治理工作

现代化农业的发展，离不开对生态环境的保护。营造良好的生态环境不仅是对农民日常生活、生产的基本保障，更是我国乡村振兴战略的核心任务，是促进现代化农业发展和绿色农业体系建立的必要条件。因此，在乡村振兴战略中，需要注重农村生态环境的建设，要有目的地整治农村生态环境，保护并促进绿色农业可持续发展。而政府则需要从多个维度着手提高农村生态环境治理水平，加速推进生态环境治理和改善工作。

在生物保护层面，相关部门应针对所在地区的动植物名录进行梳理，并标注其生活习惯和生存条件，再结合本地区乡村振兴战略和绿色农业发展具体实施

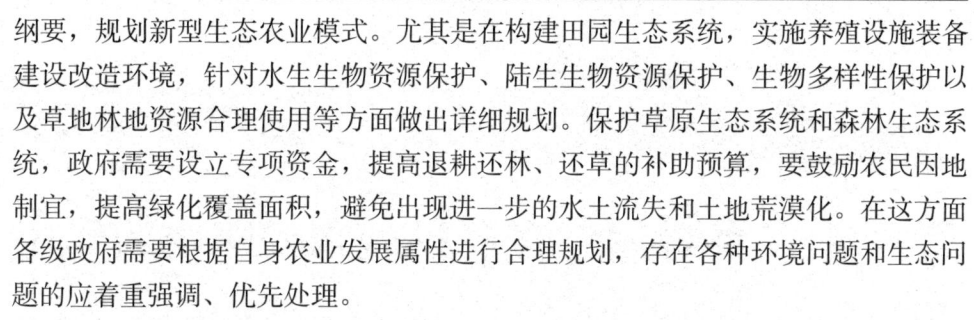

纲要，规划新型生态农业模式。尤其是在构建田园生态系统，实施养殖设施装备建设改造环境，针对水生生物资源保护、陆生生物资源保护、生物多样性保护以及草地林地资源合理使用等方面做出详细规划。保护草原生态系统和森林生态系统，政府需要设立专项资金，提高退耕还林、还草的补助预算，要鼓励农民因地制宜，提高绿化覆盖面积，避免出现进一步的水土流失和土地荒漠化。在这方面各级政府需要根据自身农业发展属性进行合理规划，存在各种环境问题和生态问题的应着重强调、优先处理。

在乡村振兴体系下，绿色农业的建设和推广离不开标准化、合理化、规模化的养殖、种植技术体系。以渔业为例，相关部门需要帮助养殖人员加强对有害外来物种侵袭的防范意识，防止有害物种对本地生物造成不可逆或灭绝性伤害。同时还需要搭建动植物传染病疫情监测系统，对可能出现的动植物疫情进行提前预警，最大限度地保护本地原生物种，保护本地生态环境。

从生态保护工作的开展角度来讲，第一要务是帮助农民找到农业经济发展和生态保护之间的平衡，只有农民明确经济发展和生态环境之间的相互促进关系，才能在现代化农业体系下实现经济和生态的双赢。因此，要着重和农民强调，必须摒弃传统农业以牺牲生态环境来换取经济收益的方式。要坚持可持续发展理念，走绿色农业道路。各级政府也要严守耕地保护红线，重视农业生产的生态质量，在确保农产品质量和安全的基础上加强对耕地的保护。另外，不同地区的政府和相关部门还需要加强对农村耕地环境的治理、监督工作，相关部门要监督农民在种植和养殖过程中，减少化肥、农药和其他化工原料的使用，积极提升农业生态技术水平，合理地使用畜禽养殖粪污、做好农业尾料、农作物秸秆回收，将其作为有机肥物，减少化肥、农药对农村生态环境的污染和破坏。同时，还需要不断探索新技术，提高农业种植效率，重视农业生产的集约化和机械化。将灌溉技术、施肥技术和物联网技术、智慧农业技术进行有机结合，探索出一条节约型绿色农业生产模式。

第六章　乡村旅游在乡村振兴战略中的作用

第一节　乡村旅游助力乡村振兴

一、乡村旅游的兴起

从乡村旅游项目的起源进行追溯，乡村旅游这一理念起源于法国。1855 年，一名叫欧贝尔的法国参议员带领一群贵族到巴黎郊外度假。[①] 在农村度假的一系列活动中，参议员和贵族品尝了城市中难得一见的野味，乘坐独木舟进行水上游玩，并且还亲自动手伐木、清理灌木丛、挖池塘，学习制作鹅肝酱馅饼的工艺，与当地农民同吃同住。通过这些活动，不仅让贵族拉近了和农村居民的距离，增强了城乡居民之间的交流，同时也形成了一种全新的旅游度假方式。[②] 事后，这种以乡村旅游命名的娱乐方式在欧洲各地逐渐流传开来，直到 1865 年意大利成立了农业与旅游全国协会，才正式标志着乡村旅游的诞生。

"乡村旅游"一词，在不同的国家有不同的称呼，也代表了不同含义。无论是哪个国家在形容乡村旅游时都会下意识地将其和农业旅游进行一定区分，因为乡村旅游在概念上比农业旅游更加宽泛，不仅包含了在乡村空间内一切的旅游度假和观光活动，同时也增加了对乡村生活的体验和感悟形式。我国的乡村旅游在诞生初期，时常被称为"农家乐"或者农业观光旅游，实质上这种初级的概念和真正的乡村旅游仍然有一定差异，农家乐的概念只能归纳于乡村旅游的一个分支，属于一个比较有代表性的旅游产品类型。相比于农家乐而言，乡村旅游更注重在传统乡村内的生活和学习体验，通常需要有一段时间的逗留期限。在感受乡村生活模式的过程中，游客可以对乡村附近的环境和该地区农民的生活方式及当地特色进行探索。国内学者和研究人员对我国乡村旅游的描述和定义更加倾向于是一种有别于城市化的，根植于乡村地区，并具备乡村属性的旅游产品，是通过

[①] 查芳. 对乡村旅游起源及概念的探讨 [J]. 安康师专学报，2004，16（6）：29‐32.
[②] 吴兰芳. 乡村旅游发展中存在的问题以及对策研究 [J]. 旅游纵览（下半月），2016（4）：241.

乡村属性来吸引游客的旅游方式，所以乡村属性才是乡村旅游的本质和核心。

与其他旅游形式相比，乡村旅游所处的环境更加贴近大自然，游客从事的游玩和娱乐活动也更加接近传统的劳作模式。在感受淳朴的风土民情时，这种体验也成为乡村旅游独一无二的副产品。我国虽然是农业大国，但在改革开放以来，农村的主要产业形态都是以农业生产为主，第二、第三产业的发展速度较慢，这种生产方式使得我国大部分乡村地区对乡村景观和生活方式的原始状态保留得更加完整，也形成了数量众多的独具特色的乡村传统民俗文化。这种文化体系的传承，对乡村旅游而言也具有较高附加值。游客不仅可以在乡村旅游中感受田园风光，体会风土民情，更能参与到各种农业生产和节日活动中，更好地满足城市居民回归大自然的精神需求。总之，乡村旅游在内容和性质上具有一定的地域性特征、季节性特征，并且消费更加亲民，产品内容更加多元化，是一种农村现代化建设和文旅项目开发的综合体。

二、乡村旅游的发展

部分学者认为，我国早在春秋战国时期就已经逐步形成了根据不同节日进行远足和踏青的习俗，这种踏青的习俗在某种程度上就是乡村旅游，但同样也有主流学者认为，我国的这种踏青习俗虽然起源很早，但是却并没有形成城市居民去远郊或乡村自发游玩的现象，是一种没有经过明确开发策划的集体活动，是一种纯天然的娱乐行为，所以不能称之为乡村旅游。

直到20世纪50年代，我国山东地区率先出现了为接待外宾而开展的一系列相关活动，这种活动具有半政治属性、半旅游属性，然而没有广泛的城市群众参与，所以也不能称之为现代意义上的乡村旅游项目，而在学术界得到公认的现代乡村旅游可以定位在20世纪80年代。深圳地区为了加速实现现代化建设而开展了一系列有针对性的招商引资活动。比如，"荔枝节"项目就是最初的采摘园形式，这种旅游形式不仅为游客营造了全新的娱乐体验，同时在招商引资环节也取得了成功。随后，全国各地开始纷纷效仿这种形式，推出了各种具有特色的农业观光项目。

乡村旅游的定义和内涵，需要在经济发展和乡村建设两个环节的基础上，对资源评价体系和资源开发模式等进行细致分类，明确哪些项目属于乡村旅游项目，才能将我国现代化乡村旅游划分为不同的时期和阶段。当前，乡村旅游在我国旅游产业中逐渐占据更加重要的地位。我国乡村旅游体系虽然出现时间较晚，发展体系仍然有待完善，但是基于我国广袤的乡村土地和巨大的城市人口潜力，乡村旅游行业的发展仍然具备难以阻挡的势头，具有广阔的发展前景。

三、我国乡村旅游产业的特点分析

（一）我国乡村旅游的主要类别

我国乡村旅游主要包括城郊型、景郊型和村寨型三个大类别，其中城郊型是我国乡村旅游模式发展最主要的形式，通常这种形式的乡村旅游需要依托大中型城市的人口，由大型环城休憩带组成，其主要经营形式是为城市居民提供休闲娱乐的区域。近年来，我国各大城市的城郊观光农业发展迅速，农家乐和特色村镇为样板的度假区域成为城市居民节假日休息的首选，该模式在我国乡村旅游行业当中的发展也最为成熟。景郊型乡村旅游模式的发展需要依托大型景区，通过自身在旅游行业中的知名度来吸引游客，该模式的塑造是以景区游客为主要目标，在景区周边的乡镇打造富有地方特色的乡村旅游景点。通过大型景区对游客的吸引和聚集能力，提供更具特色的乡村旅游服务，这种乡村旅游模式的打造，更像是"借鸡生蛋"。村寨型乡村旅游模式是依托特色村寨和特色小镇展开的乡村旅游。随着世界范围内乡村旅游市场的逐渐成熟，国内旅客开始逐渐从大型景区或历史名城转向特色小镇和自然景区。这种返璞归真、回归自然的旅游理念，使得很多具有优美田园风光和秀丽山水景色的特色村寨成为游客进行文化旅游活动的首选。

（二）我国乡村旅游行业仍然是以农家乐为主体格局

目前，我国乡村旅游形式的开发主要是以旅游观光和休闲农业两条主线为主，随着大量游客的涌入，主要发展模式逐渐转向集休闲娱乐、康养度假、观光学习于一体的综合发展形式。在此基础上还诞生出了会议旅游、商务旅游、探险旅游等一系列较为特殊的形式，这些形式的设立就是为了满足一部分有特殊需求的游客，并且国内很多游客的参与率和回游率一直居高不下，原因在于这种形式能在旅行活动中住农家、吃农家、参与农家活动、享受农家欢乐。这种返璞归真、体验民俗风情的娱乐模式，一度成为城市居民最为热衷和向往的周末休闲活动。同时，在乡村旅游环节，收获各种农产品也为城市居民创造了截然不同的生活体验，这种参与劳作、改变生活习惯、行为方式的旅游形式，成了丰富消费者体验的首选。

四、我国乡村旅游产业亟待解决的问题

（一）乡村旅游项目经营理念较为陈旧

我国乡村旅游项目从设计到上线，从经营到推广，一系列工作都离不开经营者本身的经营理念，而经营者的经营理念是否正确、是否新颖，直接关乎乡村旅

游项目能否满足游客内心需求。目前，我国大多数乡村旅游项目经营者的经营理念较为陈旧，只是一味地照搬照抄，而缺少对乡村属性、地方属性、民族特性等关键要素的运用，并未真正深入挖掘自身所在地区的乡村旅游文化资源。对于不同年龄阶段的游客也没有设计针对性的产品线路和服务内容，比如对于青少年和儿童游客，乡村旅游项目应该更加注重其求知精神、求真精神和求趣心理的需要。只有不断地学习其他项目的优势和先进经验，再结合自身文化属性，才能打造出乡村旅游项目的良好形象。另外，还有很多乡村旅游项目在内容设计上相似性过高，过于追求能带来经济效益和经济利润的产品。比如，烤全羊就是最有代表性的一个高消费项目，对旅行团体或以家庭为单位出行的游客而言，花费不菲的金额购买一只烤全羊虽然可以满足消费者的一部分猎奇心理，但是从产品的实用性和性价比上来讲，这种行为过度资本化并不利于乡村旅游项目的可持续发展。

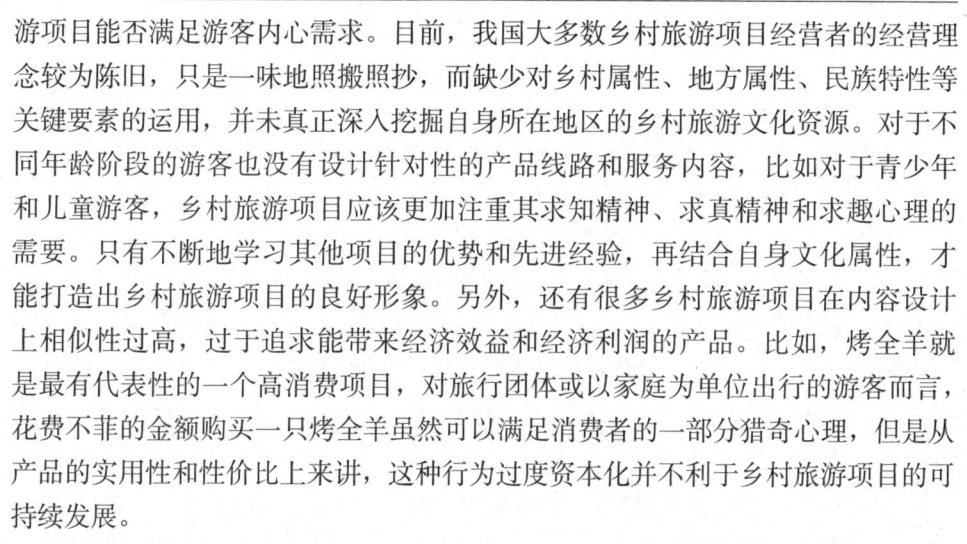

如果只是为了填充大量的盈利项目，那么乡村旅游必然会失去对游客的核心吸引力。因此，乡村旅游项目的经营者需要在政府和相关协会的领导下，不断地学习先进的管理经验，不断地完善乡村旅游项目的产品设计，要避免单打独斗，应拧成一股绳，致力于树立自身所在地区的乡村特色形象。同时，对经营者还应该进行专业培训，由政府组织学习先进的乡村旅游的经营理念和经营模式。一方面要顺应城市居民休闲娱乐需求的全新发展形式，另一方面也要符合不同地区农村产业结构调整和乡村振兴战略的发展方向。

总之，乡村旅游项目的经营者既要对游客负责，也要对乡村发展负责，需要肩负起一定的社会责任和行业责任。

（二）乡村旅游项目未形成品牌效应

旅游项目的发展离不开游客和消费者的信赖，乡村旅游品牌的建立核心目的就是为乡村旅游树立一种持续稳定吸引消费者的品牌形象。

消费者对品牌有信任感，就会在旅游过程中具有较高的购买欲望和消费欲望，这种对游客的吸引最终会凝聚成乡村旅游的品牌，成为乡村旅游地区的无形资本。乡村旅游品牌的建立，需要根据乡村旅游所在地区，根据同类竞争状况和自身产品优势而确立。只有在旅游行业中具备其他人没有的竞争优势，再根据乡村旅游者的需求规划品牌定位，才能形成一系列具有差异化的旅游产品。目前的项目经营者对品牌的认识和塑造时间较晚，品牌定位和品牌塑造又是一个相对复杂的系统工程。因此，很多乡村旅游项目的经营单位在品牌打造的工作上一直未有起色。另外，缺少专业技术和专业人才，导致经营者对品牌塑造的方式和宣传渠道掌握不充分。比如，如何打造品牌差异化，如何提高旅游产品性价比，如何借助传统媒体和新媒体渠道，对乡村旅游品牌进行宣传推广，这些内容都直接关系着乡村旅游品牌定位和服务模式，也只有清晰的品牌打造才能让消费者形成系统的品牌认知，同时激励经营者不断追求更完善的服务水平。

（三）乡村文化城市化问题

在我国延续几千年的农耕文化体系中，农民对乡土的感情直接反馈在人与自然的和谐相处中，而这种人和自然的和谐关系也是现代化乡村旅游项目可持续发展的基础。随着现代科技和网络技术的不断渗透，我国乡村地区的文化体系与农村居民的文化认识快速发生改变，大量的现代科技元素、审美形态和价值观逐渐取代了传统的乡土文化，使得很多农村在打造乡村旅游项目时和城市文化体系越来越相似，而这种乡土文化的城市化趋势最终也影响了城市或者外来游客对乡村旅游项目的感受。

简单来讲，乡村旅游项目需要打造一种有别于城市文化的乡村文化体系，这种乡土韵味才是吸引游客的关键因素，但是过多的商业元素和现代化属性改变了乡村旅游项目的本质，使得游客无法在乡村旅游中感受到正宗的乡土文化。很多经济发达的城市地区所形成的现代强势文化必然会对经济欠发达地区产生强烈影响，而这部分地区的乡村旅游项目就会逐渐向城市文化属性靠拢。最终，处于弱势地位的乡村文化有可能会消失，而乡村旅游对于城市和外来游客的吸引力也会消失殆尽。因此，要加强我国乡村旅游项目发展的可持续性，需要将原本处于弱势地位的乡村文化转变为主流文化和强势文化，要将中国传统历史文化元素和乡村旅游项目进行结合，以民族文化、地域文化元素为乡村旅游增光添色，使乡村旅游具备更加浓厚的文化底蕴和发展动力。

（四）乡村旅游管理模式混乱问题

乡村旅游项目的发展需要更加科学有效的组织管理。旅游行业作为一种特殊的服务行业，对每个环节的专业度和管理要求很高。地方政府及行业协会所建立的统一管理标准和执行方案是旅游行业发展的方向标，这一系列标准的制定并不仅仅是为了指导乡村旅游的发展方向，更是对旅游项目管理和发展的有效约束。但是，乡村旅游的组织者和管理者与其他旅游项目有本质的区别，无论是组织者还是经营者通常都不具备专业的旅游管理知识。

很多农民在政府的指导下，将自家的住宅、田地和其他乡村资源进行简单改造后，就变成了乡村旅游项目中的某一环节，而这种更加随意化的管理模式，也导致很多乡村旅游项目的体验感较差。有些农民经营的旅游项目在网络平台的宣传下客流不断，因此就会私自调价、盲目收费，还有些农民自身有其他工作，经营的旅游项目时断时续，这些情况都会影响乡村旅游行业的发展。而要解决管理模式混乱的问题就需要政府和行业协会针对不同的乡村特点制定标准。尤其要针

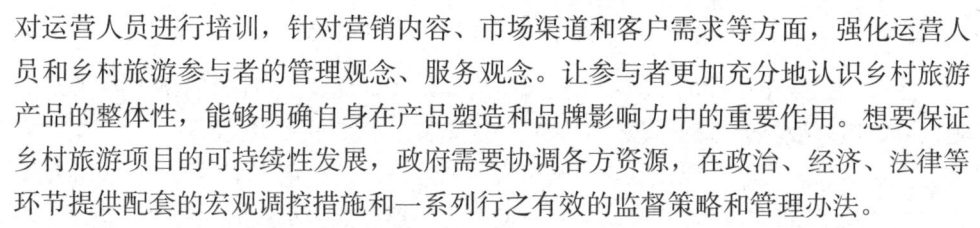

对运营人员进行培训，针对营销内容、市场渠道和客户需求等方面，强化运营人员和乡村旅游参与者的管理观念、服务观念。让参与者更加充分地认识乡村旅游产品的整体性，能够明确自身在产品塑造和品牌影响力中的重要作用。想要保证乡村旅游项目的可持续性发展，政府需要协调各方资源，在政治、经济、法律等环节提供配套的宏观调控措施和一系列行之有效的监督策略和管理办法。

乡村旅游相关主管部门需要将乡村旅游纳入政府行政管理体系内，各部门要明确自身责任，针对乡村旅游项目的发展，制定细致的管理办法，并对各地区申报的乡村旅游项目进行规划审批。同时，乡村旅游项目作为乡村振兴和现代化农业发展的关键环节，还要在安全管理、环境卫生管理及行业规范和监督体系等方面出台全面、系统的管理办法。不断地引导乡村旅游项目走向成熟，实现标准化管理。

第二节　乡村旅游特色项目

一、特色小镇项目

（一）我国特色小镇发展的思路变化

2016年我国公布《关于开展特色小镇培育工作的通知》针对乡村旅游特色项目、特色小镇的打造工作提出了一系列创新理念，并对于其发展方式、培育工作、可持续发展给予了大量宝贵建议。同时，针对如何打造小镇特色风貌，如何改善小镇生活环境，如何确保绿色生态和经济发展的有效融合，提出了总体规划和指导思想。该文件中还提出了对于我国新型城镇化和新农村建设，应当坚持以市场主导，坚持走深化改革路线，坚持突出本地特色。其中还提出了一系列时间节点，比如，2020年我国培育特色小镇的数量和目标，以及如何推动特色小镇高质量建设和发展的有效策略，相关内容涉及制造业、文旅行业、教育和商贸等多个方面。

为了实现对特色小镇的培育要求，各地区政府应将传统文化作为鲜明的地域特色，彰显差异化的镇区环境。在打造特色小镇时，应注重人与自然的和谐，同时对基础设施建设还不完善的特色小镇，可以通过政策支持开通绿色通道。绿色小镇的打造对激活地方经济非常有利，因此在操作和建设环节需要避免体制僵化。在支持特色小镇建设过程中，一系列政策和组织应进行联动。比如，三部委在开展全国特色小镇的培育工作时，应制定出合理、科学、先进、有针对性的系列举措，明确特色小镇培育要求，并对培育工作进行定期检查。

（二）乡村振兴战略与特色小镇建设之间的关系

乡村振兴战略和特色小镇项目建设具有一致的目标。乡村振兴战略的核心目的是以五大振兴战略为基础，以产业兴旺、生态宜居、乡风文明、治理有效、生活富裕为主要纲领，实现现代化社会主义新农村的建设。而特色小镇项目，一方面是为了对自然资源进行保护性开发，另一方面是为了更好地传承地域性历史文化，最终实现乡镇产业、乡镇旅游、乡镇文化体系的综合性发展。但无论是乡村振兴战略还是特色小镇建设，两者之间都是为了提高当地居民的收入水平，进行产业变革和可持续发展。所以说两者之间在目标和本质的不同维度上都具有较高的统一性。

乡村这些战略可以作为特色小镇项目建设的主要政策背景。特色小镇项目建设的本质是一种产业迭代，而乡村振兴战略的提出则为其赋予了更加重要的历史使命，同时也使特色小镇的发展从单纯的商业模式拥有了更加广阔的视野和舞台，其主要原因在于乡村振兴战略的实现需要多个强有力的载体或方式，而特色小镇作为实现乡村经济振兴的龙头产业，两者之间有天然的默契。此外，特色小镇项目建设需要对所在区域的一系列历史、人文、文化、生态、资源进行有机整合，这种整合也符合乡村振兴战略的大方向。特色小镇项目为乡村振兴战略赋予了全新的生命力，而乡村振兴战略则使特色小镇建设站在了更大的舞台上。

特色小镇的项目建设是为了更好地推进乡村振兴战略。乡村振兴战略的目的是实现农业产业强、农村环境美、农民口袋富、文化魅力足、人才留得住等目标。而想要实现乡村振兴战略的宏伟目标，就需要通过构建一系列全新的乡村产业体系，吸引更多人才和游客，将现代化农村建设推向新的高度。[①] 特色小镇项目建设以其区位性特点，在打造新型农业产业、吸引城乡人才、传承文化和历史等方面具有其他项目不可替代的优势。因此，特色小镇也成了城市和乡村融合的桥梁，在集合区位优势、业态优势、成本优势、人才优势等多方面因素之后，特色小镇自然成为我国乡村振兴战略的龙头。另外，在现代农业体系建设环节，特色小镇的项目建设能将文化、教育、医疗、交通等各方面优质资源进行整合，这种资源整合对优化乡村基础设施建设，提高乡村公共服务水平有着积极的影响，可以带动周边乡村经济发展，推动乡村振兴。

二、特色民宿项目

（一）特色民宿助力乡村振兴的现状

我国特色民宿项目在产业研究环节更加侧重于实际应用，主要侧重于研究民

---

① 韦志辉. 乡村振兴战略背景下体育特色小镇的发展研究 [J]. 交通职业教育，2021（2）：31-33.

宿旅游体系的发展、民宿行业经营者以及消费者的行为和习惯。

特色民宿在助力乡村振兴战略发展的环节，同样有着其他项目不可取代的优势。与乡村旅游以及特色小镇项目相比，民宿行业的发展并不是由政府统一推动，而是由市场和消费者进行抉择。因此，特色民宿项目往往需要具备更高的性价比或者更加深厚的文化内涵，只有有特色的民宿项目才能被消费者所接受，而这种深度挖掘文化内涵，打造特色项目的现代农业发展模式和我国乡村振兴有着高度的战略统一性。

同时，特色民宿项目在开发和利用过程中，对地区文化和民族文化进行了有效的传承和保护，其中较为典型的是地域饮食文化、民族服饰文化，有些民宿还增加了民间手工艺和特色歌舞表演的节目，这些节目的编排和表演，既是对民族文化的有效保护，又是对民族文化的高效传播。让更多游客体验传统文化内涵，既避免了现代化农业项目过度同质化的问题，又使农村商业体系和文化属性进行了高度融合。目前，我国特色民宿项目主要有村寨文化、运动休闲、生态旅游、民俗旅游和健康养老等多个主题。

（二）特色民宿项目存在的问题和对策

特色民宿项目的打造是一个涉及多产业、多领域的系统工程，无论是在美学设计还是绿色节能，无论是在游客口碑还是项目丰富，特色民宿项目自身的产业定位一直都是个难题。由于该项目本身所具有的高度融合性，将其归纳为某一单独产业难免有失偏颇，而想要更好地推动民宿项目发展又必须要在经营管理、市场规范等领域对特色民宿的建设进行归类和总结，以方便政府各部门加大专项财政投入，帮助特色民宿建立品牌，同时特色民宿的经营管理和价格管控，也需要由政府职能部门出台相应政策进行规范。

特色民宿项目的经营同样存在一定风险。与传统酒店相比，民宿项目的体量更小，但是对经营者所提供的服务质量要求反而更高。这就需要经营人员将民宿项目和其他产业进行链接，在硬件、软件、环境、人员等多个环节建立明确体系、规划明确标准，并且重视日常管理，重点打造精品特色。另外，很多民族地区的民俗项目对当地文化的挖掘不够深入，无法让消费者感受文化的本来面目，甚至有经营者为了吸引游客，将很多似是而非的文化内容进行虚假包装，这种行为不仅破坏了游客的实际体验，也影响了该地区民宿和旅游产业的品牌形象。

总的来讲，特色民宿项目和乡村旅游项目最大的差异在于，对于仅来游玩一次的旅客，民宿需要让游客长久地记住曾经体验到的愉快感受，这才是衡量一家民宿是否成功的唯一标准。对于民宿来讲，无论是淡季还是旺季，都需要有统一的管理标准，保持良好服务水平，确保特色民族项目的健康可持续发展，而不能单纯地将特色民宿作为盈利的工具。

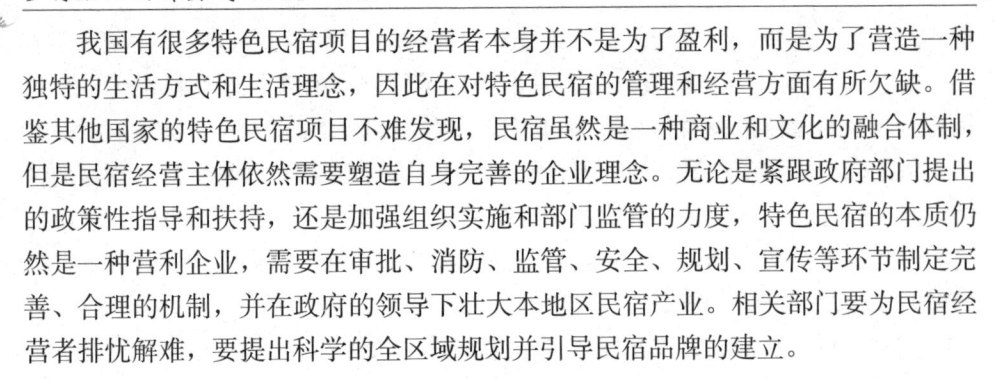

我国有很多特色民宿项目的经营者本身并不是为了盈利，而是为了营造一种独特的生活方式和生活理念，因此在对特色民宿的管理和经营方面有所欠缺。借鉴其他国家的特色民宿项目不难发现，民宿虽然是一种商业和文化的融合体制，但是民宿经营主体依然需要塑造自身完善的企业理念。无论是紧跟政府部门提出的政策性指导和扶持，还是加强组织实施和部门监管的力度，特色民宿的本质仍然是一种营利企业，需要在审批、消防、监管、安全、规划、宣传等环节制定完善、合理的机制，并在政府的领导下壮大本地区民宿产业。相关部门要为民宿经营者排忧解难，要提出科学的全区域规划并引导民宿品牌的建立。

第三节　田园综合体的发展模式与建设路径

一、田园综合体建设的相关理论

（一）新田园主义理论

新田园主义是指在田园综合体建设过程中的基础理论，该理论适用于乡村建设和乡村开发环节。新田园主义是一套涵盖项目规划、田园设计、项目建设和综合体运营的思想和理论。该理论更加强调通过旅游产业来引导现代化乡村的建设和发展，因此可以将新田园主义理解为当前我国乡村振兴和经济发展的一种实施导则。该理论的内容包括十大主张。

第一，新田园主义理论主张产业驱动化和产业可复制。只有能复制推广的田园综合体模型，才能主导我国乡村振兴和旅游行业的结合，才能有针对性地发展，并拓宽一系列产业项目。

第二，新田园主义理论主张田园发展应该和"三农"对接，在项目推进环节需要坚持以农为本。应以保护农业用地为重要前提，对现代化农业体系的优化和生产力的提高进行融合，从而更好地保障农民收益，真正实现乡村经济富强的发展目标。

第三，新田园主义理论主张增加城乡互动、城乡结合，认为只有通过吸引城市资源和城市消费者，才能真正展现美丽乡村的独特魅力和田园综合体的经济优势。城乡互动不仅可以为乡村地区注入全新活力，扩大田园综合体对外的吸引力和辐射面积，同时也是实现城乡经济互利共赢，协同发展的必要条件。

第四，新田园主义重视现代化农业体系的发展，主张将农村、农业和创新、创业相结合，将传统的田园生活和现代化科学技术以及现代消费理念进行对接，打造具有创新能力的新田园综合体项目。

第五，新田园主义主张将教育和文化体系对接到乡村振兴和乡村发展中，让更多的学生和社会群体主动承担起乡村振兴的社会责任。吸引更多知识分子和学者到乡村去深度挖掘各种历史文化元素，并将这些传统文化瑰宝和新型田园综合体相结合。一方面要继承中华民族悠久的历史文化，另一方面又要实现文化元素商业化应用，打造全新的文化田园综合体。

第六，新田园主义主张乡土美学，拒绝装饰主义和符号主义，只有最大限度地保留乡土风味才能展现田园综合体最质朴的美。而这种去标签化、去符号化的美学体系，也能最大限度地保护和保留乡村文化本质。

第七，新田园主义主张开放和共赢。在田园综合体的打造环节，无论是政府还是企业，无论是集体还是农户，都需要形成共同意愿，坦诚相待，相互配合，才能促进产业变革。

第八，新田园主义主张可持续发展理念，认为田园综合体的打造需要以现代化农业体系建设和乡村振兴为基础。需要达到生产、生活、生态三方面的和谐统一。既不能为了经济效益而破坏乡村环境，也需要充分发挥乡村绿水青山的优势，吸引更多的资本和消费者。

第九，新田园主义主张营造全新的乡村社区。乡村社区的打造既可以满足原住民和新住民的居住需求，又能满足游客的短暂接触需求。再配合完善的基础服务设施，营造公共街区氛围，才能使田园综合体内部交往提高有效性，打造出真正符合乡村振兴战略和现代化农业发展的乡村社区。

第十，新田园主义认为，只有通过不断地实践才能完善新田园理论，只有结合时代背景和社会发展环境，才能设计并开发出具有实践意义的田园综合体产品，而想要实现这一目标，提高产品的实践性和综合属性，就需要充分发挥各方资源的优势，做到取长补短，及时更新。总之，新田园主义的理论解决了一系列有关乡村振兴和田园综合体发展的问题，只有将新农村建设、乡村振兴战略、新田园理论、田园综合体建设视为一个有机整体，才能设计出符合新时代城乡协调发展的产品。

（二）产业融合理论

田园综合体的发展也可以理解成是一种产业融合，而产业融合是一种动态发展的过程。所以，田园综合体的发展和建设需要由不同产业或行业将制度、技术、运营理念、创新方式进行交叉渗透，这种方式使田园综合体的产品功能、产业的组织形态发生变化，所涉及的各个产业之间的界限会变得更加模糊，这种相互融合形成一种全新业态。

对产业融合理论的研究起始于20世纪70年代，在计算机技术和信息技术逐渐成熟后才得以有效运用。产业融合的概念早在1963年由美国学者罗森伯格提出,最开始这一概念主要是指不同行业和不同领域之间的技术融合。由于在当时的社会和时代背景下,技术发展是推动各个产业进步的核心内驱力,而跨领域的技术融合,又在一定程度上推动了不同产业的相互融合,而产业融合理论就是为了更好地研究技术融合和产业融合现象而形成的。

由于经历了从计划经济到市场经济的转变,我国的产业融合现象出现的时间较晚。在全球经济一体化的大背景下,在互联网技术和信息化技术飞速发展的时代环境中,产业融合已经成为跨领域交流的必然方向。尤其是在通信行业、文旅行业、能源行业、物流行业等各个领域,产业融合已经成为一种普遍现象,但是在我国现代化农业体系和乡村振兴战略中,针对农业而提出的产业融合理论和案例却并不丰富,田园综合体建设是其中比较有代表性的项目之一。

当今,在我国乡村振兴政策的推动下,产业融合理念已经逐步成为新田园综合体开发、建设中最重要的环节,其开发的核心要素之一就是有机促进乡村三产融合,将农村的各条产业链进行延伸和链接,并且在传统农业的单一产业功能基础上将吃、喝、玩、乐、住、游、购进行有机整合,将乡村的物质性资源和非物质性资源优势进行发挥,完善新时期农产品从生产到加工,从包装到销售的一系列技术节点,通过优化资源配置,延长产业链条,塑造乡村品牌,提高产品价值,借助田园综合体模式提高乡村旅游附加值。

(三)田园综合体的可持续发展理论

可持续发展,在学术界的定义来自前联合国世界环境与发展委员会主席、前挪威首相布伦特兰夫人,该理论是在1987年世界环境和发展大会上《在我们共同的未来》这一报告中提出的。理论内容表述为"既要满足当代人的需求,又不对后代人满足其需要的能力构成危害的发展"。1992年,在联合国环境与创新大会中,我国和其他177个国家及地区一致通过了一系列关于可持续发展的文件,并且正式就环境保护和经济发展两大主题进行了综合讨论,共同提出了世界性的可持续发展战略。经过20多年的理论与实践研究,我国将可持续发展战略和人才强国战略、乡村振兴战略、创新驱动战略、科教兴国战略、区域协调发展战略等一系列重要战略并列为全面建成小康社会决胜期的关键战略之一。

田园综合体的可持续发展,主要依托于现代农业产业在乡村地区的各种丰富旅游资源。如何将这些资源充分调动起来,并且满足当代人的旅游和农业发展需求,又不会造成农业资源的过度损耗,就成了田园综合体可持续开发理论的核心问题。乡村旅游本质上是一种生态旅游,是一种可持续旅游项目,其使用的各种旅游资源都有极强的可再生性。另外,乡村地区的人文地理环境和历史文化要素都可以作为非物质文化遗产和隐性可持续资源进行利用。这些有形资源和无形资源都可以通过可持续发展理论的指导用于乡村旅游项目的开发工作,这种理论结合实践的方式的优点在于既对社会经济和环境具有重要意义，又不会影响现代化农村的建设节奏，对于乡村振兴战略而言有百利而无一害。

（四）田园综合体的体验经济理论

体验经济，是在传统的农业经济、工业经济和服务经济之后的第四类经济类型。消费本身作为一种行为，是企业以服务营造舞台，以商品作为道具，为消费者营造美好感受的经济活动，而这种活动本身具备较高的体验属性，因此也被称为体验经济。在体验经济的逻辑中，消费只是一个过程，而消费者则是消费的产品，当消费过程结束后，消费环节的全部体验和记忆将会保存在消费者的记忆中。相比于单纯的产品交易而言，消费者更愿意为体验买单，因为这种消费体验具有不可替代性、不可复制性、不可转让性、整个消费过程的所有体验都具有唯一性的特点。

体验经济的到来，使得传统消费模式发生改变，消费者逐渐抛弃了传统消费形式而聚焦于消费活动的整体体验性，所有消费行为本身都存在体验和感受。因此，在20世纪90年代体验式旅游的概念被提出，该理念更加重视旅游这种行为本身的参与性，更加强调旅游目的地本身所具备的历史和文化内涵，强调这种文化内涵对于旅游参与者的影响和作用。简单来讲，游客如果以旅游为目的，那么旅游就只是一种单纯的行为，游客将通过旅游获得感受作为目的，旅游就是一种高级形式的体验活动，而消费者更愿意为这种高级的形式买单，因此在体验式经济中无论是乡村振兴还是乡村旅游，都需要以满足消费者的体验作为核心要素，通过增加服务项目，提高服务质量的方式、提升产品附加值的方式，优化消费者各项体验。

乡村旅游作为体验经济的产物之一，不仅可以吸引大量城市游客，也能让游客通过良好的乡村旅游体验来排解日常工作中的压力，只有为游客设计独特的旅游体验，才是旅游开发和规划的核心内容。对游客而言，旅游是一种经历和过程，而不是单一的产品。我国在田园综合体乡村旅游项目开发过程中，需要大量借鉴体验经济理论，参照广受欢迎的体验式营销对项目内容、服务内容、注意事项以及旅游景点所在地的历史文化属性进行梳理、整合，充实田园综合体项目和服务内容与游客之间的互动，学会站在游客的角度来感受和体验项目，并进行针对性调整，这样才能保证田园综合体乡村旅游项目的体验更加完整，性价比更高，对游客产生持续性的吸引力。

二、田园综合体的发展模式

(一) 明确田园综合体的功能构成

在乡村振兴战略指导下进行全新的乡镇经济结构建设和乡村旅游资源开发,逐渐成为新农业体系的核心路线。在此视角下,田园综合体项目的规划和建设可以分解成文化景观区、农业生产区、休闲聚集区、居住体验区和延伸配套网络等五个部分。每部分的作用鲜明,既可以独立运营,又能够相互合作,在密切配合下逐渐形成了我国田园综合体综合发展模式。

文化景观区作为田园综合体发展的核心,也是吸引消费者的主要渠道。对于田园综合体项目而言,特色鲜明的景观是综合体建设的核心内容,通常这些景观需要位于交通良好的地区,周边需要拥有大量优质的乡村自然风光和一系列特色农业资源。只有将上述内容进行综合才能打造更多高观赏性、高游玩性、高休憩性的文化景观区区。目前在我国文化景观区最常见的类型包括农业园采摘、花卉苗木观赏及湿地风光、山林风光和河道风光等。这些区域的规划和建设,可以提高乡村旅游景观的生态属性和旅游属性,能让消费者融入其中,感受乡土魅力。

休闲聚集区通常是以各地乡村历史、文化资源为核心,打造满足游客休憩的特色空间,再配合各种特色农业项目和全新的旅游业态,构建吃、喝、玩、乐、住、购物一体化的休闲聚集区。其商业形态包括传统民宿、乡野木屋等独具乡村风情的旅游建筑及主题商业街、民俗广场、主题活动区、民族手工艺体验区、民族美食教学区等,共同构成田园综合体内部人流最密集、活动属性最强的区域。该区域建设的目的就是为了更好地宣传传统文化和民俗风情,让游客体验城市中难得一见的淳朴乡风。

田园综合体的农业生产区,是乡村基础产业的另外一种展现形式。农业生产区是利用农业资源所构筑的全新乡村核心景观,在田园综合体建设当中,农业生产区需要以传统农业结合现代农业科技,对智慧农业、绿色农业、创意农业、生态农业和有机农业进行整合。一方面是为了提高作物产量,推出优质农产品;另一方面则是为了向游客进行展示,便于开展新农业科普教育,让游客感受现代化农业科技并提高对农产品质量的要求。另外,将种植业、林业、渔业等各类农业生产类型,同时开发体验型休闲农业项目,可以使游客充分感受到现代农业科技的魅力,增加现代农业知识,加深对农业这一基础产业的认识。

居住体验区则是对乡村人文资源的一种有力整合,让居住在城市中的居民感受乡村传统建筑、乡村环境和生活习惯。这一项目的打造可以依托废旧乡村民居改造,配合全新的基础设施,既能提高原住民和新居民的生活质量,又能丰富游客对居住环境的选择。在建设过程中，居住体验区应适当地保留乡村风貌的原始性，同时还可以根据田园综合体项目层级，建设全新的度假别墅和民宿酒店，这样才能推动乡村地产发展，形成城市居民和乡村居民的相互对话，为田园社区和特色居住环境营造更多的可选项。

最后，配套网络的构建，是田园综合体实现现代化产业支撑的必要条件。田园综合体项目想要顺利运营，就需要满足消费者的一系列需求，无论是吃、喝、玩、乐，还是农产品销售，都需要建立起配套的仓储体系和物流体系。在城市游客到田园综合体进行的旅游休闲活动时，为消费者在浏览、购物和养生等一系列活动过程中提供便利。同时，一部分消费者还对乡村金融、现代化农业以及教育、医疗等方面存在需求。综合体项目经营方也需要针对乡村居民和旅游消费者构建完善的基础配套设施，使乡村具备公共配套网络，优化田园综合体服务质量。

（二）统筹田园综合体的空间格局

现代化田园综合体的空间布局，包含着各大类资源中的众多要素，其空间形态与布局应与乡村旅游资源的特性与分布有着紧密的关联。通常来讲，田园综合体项目的空间布局需要采用有机聚散的形态，对于其拥有的各种资源和空间进行整合、梳理。在空间上应当重视点、线、面三要素的结合，"点元素"的应用是指如何对乡村生活空间或独立运营项目进行改造，比如乡村庭院活动广场等。"线元素"的应用则是指如何规划游客在休息和游玩过程中的动线。根据现代商业逻辑要求只有将高附加值、高观赏性的景点设计在游客的动线上，才能最大限度地发挥其商业价值。"面元素"是将点和线进行串联，构成不同功能的区域，根据旅游资源、文化资源的不同划分出特定空间，满足游客的不同需求。

（三）梳理田园综合体的建筑布局

田园综合体项目的建筑布局，应基于本地居民的生活习惯和外来消费者的旅游行为共同规划，要明确综合体范围内的建筑空间形态，了解原住民的一系列行为特征，并挖掘其中的文化元素，应用在综合体建筑排布和活动项目打造上。另外，总结其空间的利用形式，在满足本地居民的生活需求上，为来访游客提供耳目一新的体验式活动内容。有些消费者自身的生活习惯难以改变，因此还应在建筑布局环节满足消费者自身的生活习惯和固有需求。对一些特色乡村主题的田园综合体，要结合二者的需求对建筑空间进行现代化的改造与升级，注重文化属性、民族特色和功能性，实现乡村建筑文化的传承与创新。梳理建筑的空间布局方式，需要由专家团队完成，将乡村生活方式及乡村旅游体验的形式有机对应。田园综合体是现代化乡村旅游的一种典型方式，要做到结合当地乡村生活的真实场景，同时满足消费者的各项需求，最终完成建筑空间不同形态的组合和利用。

（四）规划田园综合体的道路布局

田园综合体项目建设能否满足消费者的游玩需求，很大程度上依赖于道路体系的建设。路线作为综合体区域规划、项目连接的重要角色，田园综合体能否顺利运营与场地内的交通路线是否合理有着密切关系。

道路布局关系着资源与资源之间的有效连接，良好的道路布局可以提升资源的可达性和交互性。道路布局也是乡村居民和城市居民之间沟通的桥梁，承担了两种文化体系之间的交流。因此，相关部门的负责人员和田园综合体经营人员在进行道路布局规划时，需要梳理场地内原本的道路情况，通过实地测试来了解现有道路的优劣情况。再根据田园综合体项目规划，在入口和各类乡村旅游资源点的位置做出标注，结合现有道路路况进行选线分析，以消费者和本地居民的实际生活与游览行为作为依据，根据其逻辑关系对道路进行分级、分层、规划，打造清晰合理的道路布局。

三、田园综合体建设的相关内容

（一）田园综合体建设的主要载体

我国 2017 年颁发的中央一号文件，明确指出要支持有条件的乡村建设，应以农民合作社为主要载体，这也使得我国农民合作社在乡村振兴战略及现代化农业体系发展的历程中，肩负起了全新的行业使命和时代任务。

我国现行的农民专业合作社法是于 2007 年启用执行，在经过多年的实践验证之后，该法律已经逐渐和我国快速发展的农业体系及合作社体制出现诸多不匹配。因此，在 2013 年我国首次提出了全新农民合作社概念，这一概念的提出明确表示了农民合作社是带动农户进入市场的基本主体，这种主体作用推动了我国新型农村集体经济模式的实现，同时也成为一系列创新农村社会管理模式的有效载体。

在全新的农民合作社模式下，我国政府大力推动农民进行专业合作及股份合作等多元化的合作，并且根据合作内容以及模式，对专业合作社的名称进行了更换，改名为"农民合作社"。其主要原因是：农民专业合作社的本质是一种依靠专业生产模式经营特定产品的合作社，但是我国现代化农业体系的发展始终是在向融合发展、全面发展、多元发展的方向努力，因此专业合作社的形容不再契合发展需求。另外，"农民合作社"能覆盖更加广泛的范围，现代化农业体系当中从生产到加工，从交易到运输的各个环节都可以纳入农民合作社中。同时，农民合作社在一定程度上代表了原有农民专业合作社的更高层级，不仅能对专业合作社进行全方位服务，同时也有利于推动新型农村集体经济股份化、多元化模式的发展。

由此可见，农民合作社类型的转变更好地促进了我国农业主要发展类型和农业发展模式的转变。乡村振兴战略和现代化农业已经正式进入了发展的快车道，农民合作社作为发展壮大我国新型农村集体经济的实体，为我国新型农村集体经济的发展壮大提供助力。针对农业发展板块，也明确指出田园综合体项目的建设需要以农民合作社为主要载体，二者结合才能实现经济发展的战略目标。

（二）田园综合体建设的主体作用

田园综合体建设的主体作用是为了更好地推动我国新型农村集体经济发展。建设以农民合作社为主要形式的田园综合体，不仅是符合我国乡村振兴战略的重要举措，同时也是推动我国新农村集体经济发展的核心要务。随着时代的发展，新型农村集体经济已经成为我国社会主义公有制经济的重要组成部分，在市场经济频繁的变化中，新型农村集体经济需要通过多元化的模式来激发自身潜力，才能紧跟时代发展，避免出现经济形态的两极分化。

田园综合体建设能起到汇聚、整合资源的作用，通过新农村产业将分散的农民联合起来，可以对其掌握的土地、农具资源等进行通盘考虑，可以提高对资源的使用效率。比如，在综合体项目建设环节，合作社可以集体出资收购真实的农具，并将农具共享与出租给游客，这既可以降低农民生产成本、增加农民的收益，又能打造田园综合体的真实感。田园综合体作为商业项目能增加对资本的投资吸引力，传统农业体系中分散的小农户生产难以对投资产生足够的吸引力，只有通过田园综合体的联合，才会形成集聚和规模效应，只有借助田园综合体项目的打造和建设才能强化地区特色，形成优势资源。

田园综合体项目能促进农业产业链的延长。传统农业的产业链条较短，是农村经济发展中亟须解决的问题，而田园综合体通过组织与整合，在田园综合体项目中统筹、分工、合作，可以避免大量低质化的生产重复，实现精细化生产与加工。同时，将第二、第三产业进行联合，使产业链向上游延长，并让农民参与到新农业体系的增值环节中来。发挥田园综合体的主体作用、借助田园综合体项目的打造，完全能实现农民收入的提高、农村集体经济的壮大，为乡村振兴打下坚实的物质基础。

（三）田园综合体建设的主要目标

当前，全国各地田园综合体项目建设的主要目标应瞄准循环农业、创意农业、农业体验的三位一体，通过构建完善的商业模式，让农民充分参与并且最终受益。

为达成这一目标,各地政府需要充分发挥资源变资产、资金变股金、农民变股民这种"三变"改革方法,并且发挥农民合作社的主要载体功能,将田园综合体模式与乡村振兴战略相结合,并且与现代化农业体系相结合。这种模式在完成田园综合体建设目标的同时,也同步发展壮大了新型农村集体经济。只有真正让农民以合作社的形式参与其中,才能实现农民的理念转变和经济收益,这种思路不仅是中国特色社会主义化发展进程中的一个创举,同时也是我国乡村振兴战略层面取得的一个重大突破。因为"三变"改革的实践过程,是真正契合习近平总书记生态文明思想中"绿水青山就是金山银山"的新发展观。换言之,无论是青山、河流、古树,在田园综合体项目建设中,既是自然资源,也是社会资源,这种资源的处理和生产模式将直接决定我国新农业体系的发展方向。①

（四）田园综合体建设的主要保障

我国在开展田园综合体项目建设时,其主要保障需要通过农业综合开发、农村综合改革、线上转移支付等渠道实现。田园综合体项目的主要保障措施,是以政府牵头的政策扶持,主要资金来源于政府提供的专项资金。此外,还有社会资本和机构融资投入。田园综合体属于农业综合开发项目,受到中央政府保护,是一项支持农业发展,改善农业生产基本条件的有利工程。② 同时,还肩负着优化农业和农村经济结构,提高农业综合生产能力和综合效益的任务,为此需要设立专项资金对农业资源进行综合开发利用。

在乡村振兴战略和农业现代化建设过程中,政府的资金支持始终是我国田园综合体项目最为主要的资金来源形式。此外,随着我国田园综合体行业的发展,也有不少企业和组织同样看到了综合体未来发展的巨大潜力。一部分的社会资本也介入了该项目的投入,诸如乡贤的投资、商业银行的专项资金扶持、地方政府的金融支持政策等。这些形式的资金投入对于我国田园综合体项目建设而言,相当于提供了额外的动力,也正是这些来自社会层面的资金,使得我国田园综合体的建立和推广能顺利开展,渡过了最初的困难时期,最终成功地取得一系列令人瞩目的建设成果。

---

① 李国辉,马玲,潘碧灵. 以"碳达峰""碳中和"目标为导向 创新驱动绿色发展 [J]. 中国林业产业,2021（3）：9-11.

② 王金安. 农业综合开发战略定位及其运行机制研究 [D]. 咸阳：西北农林科技大学.

第七章　以城乡一体化发展引领乡村振兴

第一节　城乡一体化的内涵

城乡一体化的基本内涵是，将城市与乡村之间构成一个整体，并经过社会体制机制的变革、技术创新和政府调控，进行城乡之间的融合与一体化发展。也可定义为：在社会生产力持续发展的客观要求下，经过对带有某种特殊内部关系的城市物质、精神文明和社会制度要素的系统安排，突破了城乡分割的阻碍，实现了城市内生产要素的自主流转与优化分配，城乡之间生态环境的有机融合，城市带动乡村的经济发展与可持续发展全面统筹，实现城乡人民生活水平全面提高。[1]

城乡一体化是中国现代化、城市化发展的一个具体阶段，这个阶段就是要将农业与工业、城市与乡村、城镇居民和农村居民作为一个整体来进行综合统筹。城乡一体化本质上是一种生产力的发展模式，是一种需要综合城镇发展优势以及乡村自然资源优势进行互补和融合的经济发展形态。在这个进程中，由于社会生产力的发展将加快城乡居民生活生产方式、经济活动方式与居住方式转变的进程，促使城乡之间人口、科技、资源、人才等生产要素的交叉融合，使城市和乡村之间建立相互依存、相互促进的统一体，并充分发挥各自的优势和功能。城乡一体化涉及经济发展、自然环境、人文生活等领域，其主要目的是缩小乡村、城市差距，并推动城乡一体化，利用城市反哺乡村、城市支援农业经济，加快城乡一体化建设。

改革开放以来，我国产业政策基本上是优先发展制造业，并倾向于优先发展城市。如此就构成了一种被分割开来的城乡结构。城乡一体化建设就是在这样的环境下提出的，为了打破城乡差异化发展结构，政府加强了对乡村的开发力度，提高乡村活力，进一步缩小城乡之间各方面的距离，推动城乡共同发展，尽快健全城乡一体化的体制机制，努力在城乡规划、基础建设、社会公共服务等领域促

---

[1] 李文学. 城乡一体化发展的内涵[J]. 农家书屋，2017（3）：3.

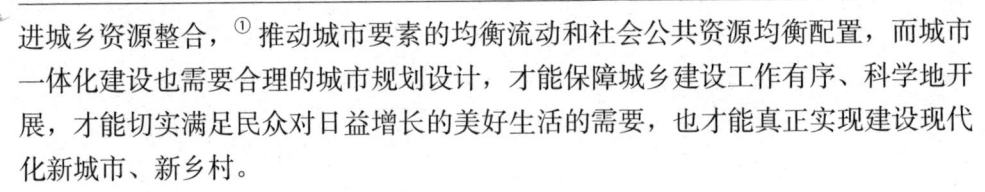

进城乡资源整合,①推动城市要素的均衡流动和社会公共资源均衡配置,而城市一体化建设也需要合理的城市规划设计,才能保障城乡建设工作有序、科学地开展,才能切实满足民众对日益增长的美好生活的需要,也才能真正实现建设现代化新城市、新乡村。

第二节 城乡一体化的核心是城乡融合发展

一、城乡融合发展的概念

城乡融合发展是指以城乡生产要素双向自由流动和公共资源合理配置为重点,以工补农、以城带乡,统筹推进城乡基本公共服务普惠共享、城乡基础设施一体化发展、城乡产业协同发展、农民收入持续增长,形成工农互促、城乡互补、协调发展、共同繁荣的新型工农城乡关系。城乡融合是一种长期的、动态的过程,我国不断对农业发展和乡村建设进行积极探索。从近年来全国各地的发展情况能明显地看出,城市与乡村已经逐渐趋向融合,在城市要素均衡流动与公共资源均衡分配领域实现了重大突破。推动新阶段城乡融合发展,既是推进农业与乡村发展、克服乡村经济结构性问题的需要,也是改革城市发展方式、推动城市高质量发展的必然要求,②对提升全体人民生活品质,用全新的发展观念推动更均衡、更全面的发展,也起到了至关重要的作用。构建和健全城乡融合的制度与政策机制是一个漫长而艰难的过程,政府要构建城乡一体化体系,做到城乡全面一体化,乡村整体繁荣,基本实现人民群众共同富裕。

二、推动城乡融合发展的意义

城乡融合也是推进乡村振兴战略的重要路径之一,但城乡融合并不同于传统城市统筹管理与城乡一体化,城乡融合的关键在于突破传统城市与乡村之间的不同定位。城乡一体化进一步弱化了城市与乡村之间的个体地位,更注重以建设城市的方式开发农业,城乡一体化不但完全强调了城市与乡村之间的个人平等,同时也强调了农民的平等身份地位,其建设过程中的根本原则是在城乡开发活动中,应重视城乡之间的共性与不同。在充分体现城乡自身发展差异的基础上,因地制宜地规划设计高度融合的城乡整体建设方向。城乡一体化是乡村振兴规划的重点。没有城乡一体化,任何制度设计和政策制定都可能有偏差。目前,中国大

---

① 姚立新.探析城乡一体化的概念界定及主要内容[J].科技致富向导,2011(21):1.
② 赵冰琴,吴丽霞.城乡融合发展是乡村振兴的必由之路[J].中共石家庄市委党校学报,2019,21(5):4.

多数乡村作为文化的传承地，应在经济、社会、文化等方面与城市共同发展的基础上，实现比传统乡村更全面发展。

综上所述，城乡一体化对实施乡村振兴战略有着重要意义。因为城乡融合的重点目标是城乡人口结构变化、城乡产业结构布局的趋异性、城乡公共服务均衡性、城乡有效的互连互通。要达到这些目标，就需要发挥市场经济的重要作用。在发挥政府宏观调控功能的同时，避免过分地依靠政府手段而忽略市场经济功能。城乡融合不但要反映市场经济效果，还要突出经济社会资源的公平分配。可以看出，城乡融合还有很长的路要走。在这一过程中，既要稳扎稳打、稳中求进，还需要厘清适合的政策。未来，城乡融合将成为促进我国乡村振兴发展的关键支点，中国乡村振兴也有望步入一个全新的发展阶段。乡村振兴的实质是要解决中国乡村地区与城市之间如何共存的问题，将乡村地区放在与城市发展完全不同的方位，还是与城市相融式发展，是我国面临的一项重要抉择。

三、推动城乡融合发展的措施

（一）推进农业乡村绿色发展，打好城乡融合的底色

环境宜居性是我国乡村振兴的重要目标。在乡村越来越繁荣的今天，在建设的进程中，各地有关部门要关注乡村自然环境的改变，需要坚持用绿色经济新理念带动乡村振兴，培育乡村振兴的新动力，促进乡村人为和谐共处，促进乡村经济社会的可持续发展，为人民群众安居乐业提供美丽家园。

1. 贯彻绿色经济理论

有关部门要贯彻绿色经济理论并将之运用到乡村建设与农户生活中的各个领域。用绿色经济理论促进乡村振兴，合理地利用乡村的传统产业、民间科技和自然资源，与城市的各产业相互作用，延伸价值链，实现乡村的整体价值链提升，推动工业科技与旅游业的融合发展，形成健康农业、创意农产品、乡村电子商务进程。推进绿色农业生产，保持乡村振兴新势头。良好的自然环境是中国乡村的最大优点和宝贵财富。要大力保护乡村自然景观，进一步完善乡村生活自然环境，全面发掘并展示乡村最具地方特点的人文故事和自然景观，进一步完善地方人文元素符号，综合改善自然山水林田路乡景观，努力构建人与自然和谐共存的现代美好乡村、城市居民生活向往之地、新乡村的快乐精神家园。

2. 做好乡村环保的整体规划与设计

贯彻以养护、保护和自我修复为主的原则，鼓励乡村农户积极采取更低碳、环保的生产与生活方法，在乡村生活设施、社会管理制度与服务现代化等方面，更接近于城市居民生活、减排等方面，同时做好乡村生态与环保宣传教育，通过融合乡村绿色生态发展理念，生态农业与循环经济的推广方式与科技措施到位，

有效地增强乡村农户的环保意识，增强村民的环保意识。

3.完善和提高农业生产垃圾处理手段

环保部门应派遣人员指导农户科学合理地使用农业生活垃圾处理，进一步增强农业垃圾处理水平，变废为宝，推进乡村以为的生态工程建设，打造美好家乡、美好乡村。重点推进乡村废弃物处理、燃气组装、污水净化等基础设施建设，以提高乡村的生产生活环境质量。同时，环保部门也将高频率、不定期地进行乡村的生态环境保护监督检查，培育新时代农民生态素养。

（二）完善城乡融合发展制度

建立健全城乡融合政策机制的政策框架，可以为城乡融合工作提供必要的制度保证，作为一项系统工程，推进乡村现代化需要找到正确的切入点和突破口。

1.合理编制城乡建设规划

城乡建设规划要与其他相关区域规划统筹考虑和制定，以防止"城乡脱钩"和"重城市轻乡村"等问题的出现。在规划城乡建设的过程中，应正确掌握各个区域的特点与优势，充分考虑乡村土地的合理使用、地方特色产业的合理开发、乡村居民点的合理布局、自然人居住条件的完善、地方优良传统文化遗产的继承等要素，并强调地方优势，以反映风土人情与乡村特点，真正发挥规划作用。

2.要创新城乡经济融合增长方式

推动城乡之间的利益融合，实现城乡共同富裕。政府应制定政策带动市内制造业、旅游、商贸等工业企业下乡，连接乡村生产的产前、产中、产后企业，形成一个集制造、培训、研发、工业、农业、商贸、娱乐、旅游、观光于一身的现代工业经济新产业和新服务，提高农业附加值，创造整个农业产业链和价值链。进行现代农业的生产、加工、营销与流通，以完成传统粗放型农业向现代集约型农业的过渡。要适应城乡居民消费升级的发展趋势，积极发展中高端、优质、高效农业产业及其产品，吸引新型农产品经营户到原产地开展农产品初加工和深加工，帮助传统农产品加工企业延长产业链，构建整个产业链和整个价值链，实现城乡产业一体化及利益共享，让农民共享产业链发展的增值利益。

3.要健全农业基础设施建设管理机制。

吸引和激励各种形式社会力量投入农业基础设施建设，促进城市的高水平设施向乡村地区拓展，实现城市设施的互连互通，进一步提升农业基础设施建设水平。

（三）打造城乡融合发展人才队伍及企业管理模式

人才是中国实现乡村文化复兴战略的根本。在城乡文化一体化发展中，最关键和最基本的一体化要素便是人。在实施乡村振兴战略的过程中，造就一支优良的城乡发展建设的人才队伍是城乡融合的首要目标，这支专业的人才队伍将会成为新时代推进城乡融合建设的重要组织者,将更加激发乡村振兴的内生动力,培育出城乡融合发展的新动力。[①] 近年来,随着越来越多有知识、懂技术、善管理的青年下乡参加社会主义新乡村建设,积极培养发展现代农业人才,为我国乡村振兴提供了新的经济成长动力。为此,政府需着力带动乡村转移的人员市民化,积极吸纳城市人员回流,加速乡村人才引进,把乡村建设成为人才集聚地,让乡村人才参与到乡村产业结构转型升级、社会经济发展繁荣、文化素质同步提升中来。同时,还要重视教育乡村的优秀人才,认真做好对职业农民和新型乡村企业为主体的培训,努力打造一批真正懂乡村、爱农业、爱乡村的先进农民劳务团队。政府应根据乡村实际状况和市场需求,加强对乡村的职业技能训练。通过举办形式多样的农业专家讲课和动手式职业技能教学等活动,为发展新型农业发展提供新科技、新知识、新思路,以提升中国农业的素质和职业技能,增强中国农业的创新意识、创业技术和创新能力,并培养现代农业工作人员和现代农业技术管理人员。

(四)加大乡村文化产业发展力度

推动乡村文化的创造性转化和创新发展是乡村振兴的必然要求。城市一体化发展可以充分调动社会各界合力建设乡村地区的人文教育,并以独特、新颖和流行的形式向公众展示,这能实现良好的效益,培育文明的乡风。乡村振兴需要重视地方文化建设,乡民在维持文明社会秩序和引导乡村风尚等方面都发挥了模范作用,因此需要合理挖掘和利用当地资源,培育与时代发展相适应的乡村文化,鼓励良好进步的乡村风尚,逐步形成良好的乡村风貌和民俗,为乡村振兴铸造灵魂,弘扬新乡村精神。

乡贤文化的回归将促进人才、影响力、技能、智慧和资金的回归,让乡贤真正变成当地政府管理乡村的得力帮手和中坚力量,给乡贤文化带来全新的社会意义。同时,也要加强社会组织引导,突出服务主题。政府应充分重视农民在新乡村发展中的重要性,除了引导他们积极参与规划乡村建设项目和经营村务外,还要引导农民加入监测、评价和促进体系,充分调动他们的主体作用和创造力,使他们成为实现乡村振兴战略目标的推动者,更好地促进乡村振兴的发展。

此外,搭建文化交流平台是促进乡村文化产业繁荣发展的关键。政府需要结合农民的生活条件,遵循最新政策,开展乡村文化宣传活动,完善乡村体育场馆、乡村书店等硬件设施,推进乡村文化公共服务体系建设。通过开展区域舞蹈大赛、区域戏剧演出、象棋大赛、歌唱比赛等活动,增进艺术交流,增强乡村人民对文化价值观的共识,推动乡村民俗健康、文明发展。

---

① 陈燕.构建新型城乡关系 促进城乡融合发展[J].唯实,2020(11):4.

第三节　城乡一体化是乡村振兴战略的重要载体

一、城乡一体化的意义

（一）加快推进我国乡村现代化建设

长期以来，中国乡村存在人口众多、政府资金有限、乡村生产水平比较低下、社会发展基础相对薄弱等问题，中国农业生产与乡村经济发展一直相对落后于城市的现代化建设。乡村振兴就是要推进农业与乡村发展步伐，从而在这方面加强我国农业的补充，以确保如期实现我国现代化，最终实现共同富裕。"美丽乡村"是我国乡村现代化的需要，也是乡村振兴与地区统筹发展的强力保障，同时也能给乡村经济创造出新的发展机会。因为乡村现代化建设既是农业人口和非农产业空间集中的过程，同时也是农业人口逐渐减少的过程。城镇非农产业的开发给农户创造了新的非农就业的同时，也提高了农户的经济收入。

美丽乡村、乡村振兴的发展，也为大规模和集约化的农业生产提供了必要条件，乡村现代化也给城市人民带来了丰富的食物和其他生活必需的农产品，同时也产生了大量的耕地、农业剩余劳动力及其他生产要素，这就是乡村振兴的根本和最基础的推动力。因此，要突破原来的城乡分治局面，应在城乡统一和城市一体的基础上，推进乡村振兴政策的落实；在美丽乡村的理论指导下，充分发挥城镇和村庄各自的优势。乡村振兴工作应基于城乡一体的角度，而不要背离了城乡建设的实际与城乡居民对乡村建设的基本要求。

二、限制城乡一体化发展的因素

（一）城乡经济发展差距明显，限制城乡一体化进程

乡村基础设施与服务的规模与效率远远不及城市，实施成效也不甚明显，易出现实施后产生反弹的问题。乡村的兴旺意味着国家的兴旺，乡村的强大代表国家实力。乡村的全面振兴离不开乡村的全面开发，乡村的扶贫与经济繁荣离不开乡村振兴的有效建设。随着农业基础设施的逐步完善与乡村劳动力的增加，乡村产业将能够达到产业化，形成规模经营效应，提升人均收入水平，为城乡一体化发展打下经济基础。而乡村的现代化建设过程，实质上是由传统乡村向现代社会

发展的过程，使留在乡村的城市居民逐步体验到建设现代都市文明的过程。合理的乡村振兴政策可以通过给乡村经济带来大量资金、信息和劳动力，为乡村的经济发展提供新动能，为乡村经济的发展提供了和谐稳定的社会环境和安全统一的社会秩序。乡村振兴战略目标为乡村建设指明了方向选择，提升了中国乡村发展。所以，乡村振兴规划是适应当前乡村的实际需要，根据当前乡村经济形势制定的战略，是乡村经济发展的基石。

（二）优化现有制度，促进城乡一体化发展

目前，中国城乡问题对立已然变成中国经济社会发展的重要障碍。长期以来，中国城乡问题长期保持着对立的格局，这也是中国当前经济和社会问题的主要表现之一。我国乡村发展振兴战略的提出，为我国破解主要矛盾指明了途径选择。乡村发展的不均衡与不足，主要反映在中国现阶段的城乡发展过程中，特别是在"三农"领域。

现阶段，中国城乡发展差异还是很多：乡村发展经济基础相对较弱、城市人口众多、农业劳动力相对短缺、城市公共资源分配不合理等，而且通过与城乡居民收入的对比数据，城乡居民间的相对差异还是很大的。由于我国半数以上的乡村家庭平均可支配收入都未能超过我国平均水平，农民收入水平也普遍较差，这不但影响了正常的乡村生产经营投入，同时也延缓了乡村人力资源的形成，不利于乡村人力资源的代际积聚，更容易导致乡村贫穷代际传导。城乡人民收入差距的增大也影响着乡村农民生存质量的改善。乡村农民的幸福感与得到感都无法增强，这也表明了现阶段的重大乡村经济社会问题都未能得到很好的解决，甚至可能固化社会阶层，影响社会和谐稳定。要继续破解城乡发展的不均衡与不足，化解乡村当前的主要发展问题，全面构建社会主义现代化国家，就需要在破解当前乡村发展问题过程中，坚定不移地坚持乡村振兴政策，优化现有制度体系，促进城乡一体化发展。

（三）乡村基础设施不足对城乡一体化的制约

目前，在城市与乡村之间的距离上，中国城乡基础设施的发展水平仍存在着差距，主要体现在城乡交通、给排水、电源、网络、通信、环保和硬件装备等方面发展的不平衡。尽管我国加快了乡村基础设施的建设发展，并取得了较大进展，乡村地区的基础服务和社会保障水平正在进一步提高，但对我国许多贫困乡村和偏远的乡村地区，水电、煤气、垃圾处理、道路和网络等基础设施工作依然薄弱，并不能保障广大乡村居民的正常生活。需要加强乡村基础设施的薄弱环节，从而逐步形成了城乡为一体、覆盖全部区域的农业基础设施服务网络，关键是做好了农业交通设施、农田水利、乡村水利等，人民群众最需要的社会基本工

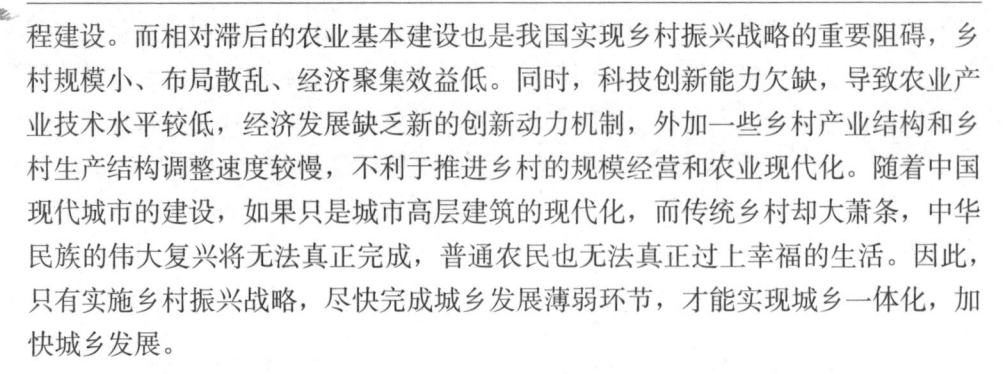

程建设。而相对滞后的农业基本建设也是我国实现乡村振兴战略的重要阻碍，乡村规模小、布局散乱、经济聚集效益低。同时，科技创新能力欠缺，导致农业产业技术水平较低，经济发展缺乏新的创新动力机制，外加一些乡村产业结构和乡村生产结构调整速度较慢，不利于推进乡村的规模经营和农业现代化。随着中国现代城市的建设，如果只是城市高层建筑的现代化，而传统乡村却大萧条，中华民族的伟大复兴将无法真正完成，普通农民也无法真正过上幸福的生活。因此，只有实施乡村振兴战略，尽快完成城乡发展薄弱环节，才能实现城乡一体化，加快城乡发展。

（四）乡村公共服务不够对城乡一体化的制约

近年来，我国农村在公共服务体系方面的建设取得了长足发展。比如，城乡居民的基本养老保险制度、基本医疗保险制度、最低生活保障制度等已经基本实现了全面覆盖。不可否认的是，在乡村地区的基础公共服务体系仍然不够完善，尤其是在教育、医疗资源的倾注方面，相比于城市还存在不足，这也使城乡之间贫富差距进一步扩大化。而且我国乡村人数较多，但经济建设的基础相对薄弱，导致了乡村公共服务和社会保障发展滞后，乡村公共服务和社会保险的滞后主要体现在乡村文教、卫生和社会保障领域。

在文教领域，一些贫困落后地区九年义务教育不能有效实施，乡村的义务教育缺乏资金投入支持，乡村学校发展困难。同时，许多乡村年轻人到城市务工，部分儿童跟着家长在父母打工的场所就读，也导致乡村小学的发展无法壮大。在医疗保健领域，因为没有足够的资金投入和技术，乡村医疗保健教育滞后，主要表现为乡村健康人员短缺、乡村卫生院等基础设施建设不足、医疗保障体系不完善。

在社会保障方面，乡村地区的养老问题突出，随着乡村中青年劳动者进入城市务工，不少留守孩子和空巢老人出现在乡村地带。如何处理乡村养老问题，保障乡村老人、孩子的正常生活，已经逐渐发展成乡村振兴过程中的一大难题。

（五）乡村对人才的吸引力不足，劳动力流向城市

随着中国城市化进程的加速，乡村人口也开始进入城市，尤其是年轻劳动力认定城市的发展前景好于乡村，所以大批乡村青壮年劳动者前往大中城市工作，乡村农业人口数量的下降导致了人才结构的失衡，而留守村庄的大部分人都是老年、女性和小孩，城乡劳动者的年纪构成和男女比严重失调。大量老年村的存在，将不利于城乡产业的发展和乡村现代化的实施。同时，随着人口流失，乡村中出现大量无人种植的荒地，耕地长期荒废，造成农产品生产水平的下降，不少房屋因无人居住而荒废，大批的陈旧民宅闲置，造成城乡荒废和缺少有效

剩余劳动力的状况更多，此类乡村大面积的资源浪费，造成乡村基础设施建设和社会服务体系严重衰退，同时城乡还面临着公共资源短缺和乡村发展机遇受限等问题，乡村人力资源无法吸纳和留住的现状也普遍存在，不利于乡村发展。随着大批乡村劳动力和乡村人口涌向城市，而城市的接收能力有限，因此部分农民并没有得到很好的发展机会，而乡村劳动者是城乡生活质量和农业产出的重要主体，进一步提升乡村劳动者整体素质和专业技术将有利于进一步激活农业的内生潜力。

三、城乡一体化的措施

（一）政策和制度上的优化建议

随着城市规模的扩大和产业结构的改善，其边际收入下降，此时，发展乡村地区获得的边际收入大于城市。政府需要通过制定各种指导方针和政策来引导城市资源进入乡村地区，以促进乡村地区的发展。目前，我国农业和乡村的突出矛盾在于农业生产体系现代化程度不高，公众对农产品认知度不够，农产品标准不统一，导致质量参差不齐。为克服这种情况，对各个农业领域的市场需求及本土自然资源的特色，进一步改变乡村生产结构，以扩大更有效的供应途径。比如，开发更为绿色优质的农产品并采取积极推进乡村生产经营，为提高城市农产品品牌能力和第二、第三产业的融合发展，与城市的规划设计的完善和现代的检查手段密不可分，城乡建设单位要多运用先进科学技术手段为城市一体化进行科学合理的谋划，逐步完善对乡村人员较为稠密城市区的管理和农业基础设施的建设，并实施"互联网+"发展现代农业，采取更加完善高效的现代电子商务销售手段，以逐步拓展城市农产品市场营销渠道，扩大城市农产品品牌实力的发展途径。

依靠环境资源引导城市乡村的开发生产。随着中国发展总体水平的提升，我国环境污染问题将越来越大，各级政府应该下决心转变原始粗放的乡村模式，不以牺牲生存环境为代价搞农业经济建设。所以，乡村发展中要加强对耕地资源和自然环境的保护，优先发展绿色农业生态产业，健全发展绿色生态农产品政策扶持制度，积极进行农田轮种休耕制度试验，减少农产品肥料和杀虫剂的应用，推动乡村垃圾的循环使用，以发展绿色生态农业产业提升农业技术与乡村生产生活环境。

（二）优化基础设施与公共服务供给

城乡的公共服务水平参差不齐，主要体现在城乡教育、卫生、健康、文化等方面，为推动城市一体化建设，政府注重于完善城市规划管理，从土地规划控制、土地利用结构调整、城乡建设与发展协调的高度，合理配置城市各种基础建设元素。关于社会公共服务工作的涵盖领域较大，政府的工作重心需要放到医疗卫生、文化教育、社会保障、社会治安等领域。健全社会保险制度，逐步建立健全的失业、养老、教育等社会保险制度，创新对失地农民的社会保障方式，消除进城镇落户农民及相关人员的后顾之忧。增加国家对乡村义务教育工作和卫生安全工作的投资，以改善乡村医疗、卫生人才短缺、装备跟不上的问题。[①]乡村义务教育与公共卫生具有自身特点，但不要完全按社会主义的市场体系来进行，应重视以科学发展观与和谐社会建设的原则，引导我国的乡村义务教育、城市公共卫生系统和各类传染病预防与控制设施之间的协同建设。提高乡村文化教育水平，通过重新设置乡村教育体系，同时通过财政投入、建立教育学校、教师培训等方式，进行乡村优秀教师人员在城乡之间的分配和流动。

按照乡村振兴的要求，在完善乡村基础设施和完善乡村发展环境的同时，积极研究有利于发展乡村科学技术和环保事业的新兴领域，进一步促进城乡就业体系融合发展，逐步建立城乡统一的失业登记体系，开展免费的城乡劳动力职业培训教育，逐步健全城市人才流动管理和服务系统，推动城乡社会保障体制融合发展，实现以公平与正义为追求的所有社会保障人员都得到基本社会保障待遇，实现社会保险体系的全覆盖。

为保证所有农户都了解基本政策，政府要通过定时开展各类演讲、举办集中录像观摩、集中研讨等社会交流活动，帮助农户进一步熟悉新型乡村现代化发展进程、国家有关优惠政策、养老保障措施、社会福利救助机制等，提高农户对美丽乡村生活方式的了解程度和认同感，切实做到城乡人人安居乐业。

（三）人才回流政策建议

鼓励返乡战略主要是针对中国乡村严重的"空心化"局面。务工人员不愿回乡助力家乡建设的主要原因是城乡资源配置不均衡、乡村劳动力岗位较低、农民工没有开展家乡建设的平台。所以，乡村要取消农民工的称谓，对进城农民由身份管理转向就业管理。注意制定鼓励优惠政策，引导在外务工人员回乡发展，通过制定鼓励优惠政策，引导企业家、党政干部、专业技术人员等优秀人员回乡支援家乡建设，对回乡人员予以适当的物质奖励，同时加强支持力度，并通过实施减税政策、增加债券安排、提供创业贷款、完善扶持政策等方式，为返乡人才返乡建设提供相应保障。

另外，地方政府还要夯实对农业人才振兴的体制保证，矫正附加在就业上的歧视条件，编内与编外一视同仁，改革劳动派遣制度，减少证明手续，统筹乡村

---

① 孙立. 实施乡村振兴战略的意义和方向路径 [J]. 智库时代，2018（19）：3.

进城人员子女教育，改善养老保险的接续和转移，为进城人员创造进得来、住得下、融得进、能就业的良好社会环境，为具备乡村技术、创新能力和组织能力的人员参加现代化农业建设创造优越的体制环境，并在此基础上开展新型的职业农民培育工程，加强乡村专业人才建设；完善土地流转制度和宅基地制度，吸引新乡贤回乡参与乡村建设；探索乡村吸引高学历、高技能人才引进机制。只有通过完善人才体制机制，使人才、劳动力在城乡之间流动的过程中逐渐逆流向乡村，才能破解乡村振兴面临的人才缺乏这一难题。

第八章　金融对乡村振兴发展的支持

第一节　乡村振兴发展和金融支持现状

一、我国乡村振兴战略实施现状

时至今日，我国乡村振兴战略从发布到实施已经有五年的时间。在中央政府的领导下，各级政府积极响应，不断地完善乡村振兴战略设计和构架，并且先后发布了《中共中央　国务院关于实施乡村振兴战略的意见》《中国共产党农村工作条例》《国家乡村振兴战略规划（2018—2022年）》《中华人民共和国乡村振兴促进法》等。[①]2018—2022年也被称为扶贫攻坚的巩固期和乡村振兴的开拓期，在这样的时间节点上，对我国金融支持乡村振兴战略的现状进行总结和分析，不仅可以更好地帮助我们认清该战略体系在四年的工作周期中存在哪些问题和不足，同时也能帮助相关部门更好地部署下一阶段的工作，对金融体系和乡村振兴战略的结合模式、政策构建及相关的制度框架进行有机调整。

按照我国发布《国家乡村振兴战略规划（2018—2022年）》的相关内容可知，近年来我国乡村振兴战略取得了稳步发展，并且在各环节和各领域基本完成了既定指标，实现了四年周期性的预期计划。

二、金融支持乡村振兴的现状

自2021年以来，金融支持乡村振兴工作稳中加固、持续利好，使我国农业农村经济在复杂的全球经济形势下，为稳定社会大局提供了有力支撑。不论是粮食增产还是"菜篮子"工程，不论是稳定猪肉价格还是推动绿色农业转型，不论是有机农产品的品牌建立还是线上线下联动的新乡村产业发展，在各个环节和各个方面，金融支持下的乡村振兴战略都取得了相对圆满的成果。农产品网络零售行业的建设，始终保持两位数以上的增长。各种乡村休闲旅游项目和特色小镇的

---

① 农业农村部新闻办公室. 乡村振兴战略规划实施取得阶段性进展[J]. 云南农业，2021（7）：8-8.

建立，也为乡村振兴下一个周期的工作指明了目标和方向。同时，更多的行业、企业、工厂建立也为乡村提供了大量就业岗位，使乡村自身的经济属性和人工活力得到有效释放，各类产业蓬勃发展，乡村振兴战略始终稳步前行。

第二节　金融支持乡村振兴存在的问题

一、进一步加大政府支持力度

自我国党中央国务院提出乡村振兴战略后，各级政府相继出台了一系列专门扶持乡村振兴战略的金融政策，包括信贷政策、税收政策、监管政策等。虽然这些政策的实施和协同取得了巨大的成效，但是对于我国乡村振兴战略的整体规划和需求而言，相关战略的覆盖面积和持续性仍然需要进一步加大力度。

在乡村振兴货币信贷环节，由于涉农贷款在整个银行体系当中的占比越来越高。2022年，根据全部金融机构提供的可参考数据，涉农贷款总额超过50万亿元，同比增长超过5.5%，一度占据我国银行金融机构总贷款的25%，如此巨大的占比充分说明了我国乡村振兴战略对于现代化农业、林业、畜牧业的强力支持，并且和农业相关的一系列传统生产活动和经营环节也受到了显著影响。比如，农药和化肥的生产、加工、经营、销售、运输等环节，其他类别的农用物资和流通环节，这些传统农业经营项目由于属性更加固定，因此在银行或者金融机构的贷款活动中更容易取得信任，但是智慧农业、农田集体建设、农业特色小镇、绿色农业出口、农村基础设计建设等环节，国家专项资金的支持力度还需加强，各金融机构的贷款情况也不理想。

在税收政策方面，基于乡村振兴战略的推广，我国各级政府对于农村财政补贴进行了一系列优化。但是乡村振兴题材中涉及高新技术、现代化种植技术和新兴农业项目时，政府和金融机构的补贴应进一步落实。一方面，涉农贷款的增量奖励政策覆盖面积不够，对于一部分希望引进新型农业技术的农户和企业，政府相关部门的批复较为保守，另一方面，由于乡村振兴战略的覆盖范围太广，因此落实到每个地区和每个项目上的奖励额度有限。在保费补贴税收环节，由于我国设计农业保险的保费补贴农产品品类较少，很多农产品都不在补贴范围内。

在监管政策的制定和实施环节，对农村的金融体系建设仍然存在很多的监管漏洞，而这也是影响农业贷款、影响农产品保费补贴等一系列政策的核心原因。比如，涉及农村和农业的一系列金融机构，除了国有银行外，还有农村信用社、村镇银行、地方性的小额贷款公司等等。和正规的银行及金融机构相比，

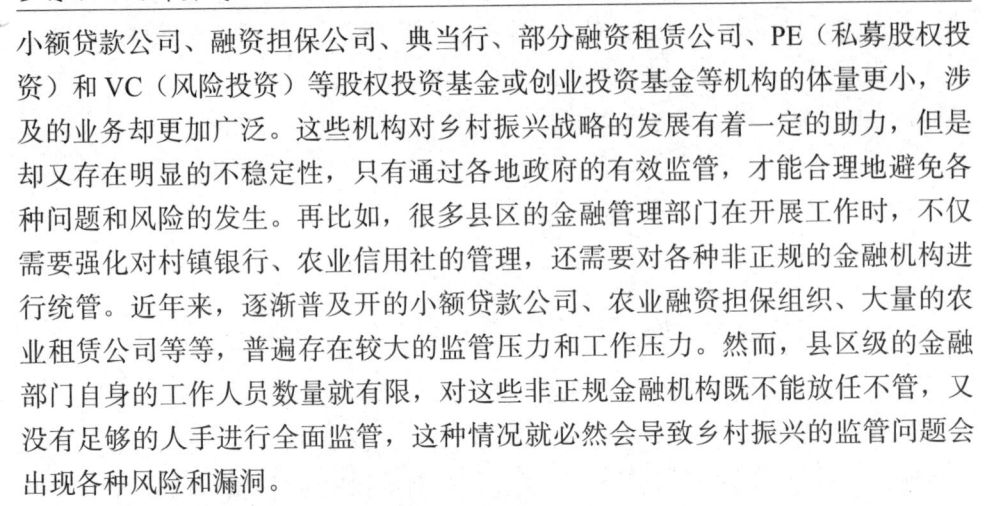

小额贷款公司、融资担保公司、典当行、部分融资租赁公司、PE（私募股权投资）和VC（风险投资）等股权投资基金或创业投资基金等机构的体量更小，涉及的业务却更加广泛。这些机构对乡村振兴战略的发展有着一定的助力，但是却又存在明显的不稳定性，只有通过各地政府的有效监管，才能合理地避免各种问题和风险的发生。再比如，很多县区的金融管理部门在开展工作时，不仅需要强化对村镇银行、农业信用社的管理，还需要对各种非正规的金融机构进行统管。近年来，逐渐普及开的小额贷款公司、农业融资担保组织、大量的农业租赁公司等等，普遍存在较大的监管压力和工作压力。然而，县区级的金融部门自身的工作人员数量就有限，对这些非正规金融机构既不能放任不管，又没有足够的人手进行全面监管，这种情况就必然会导致乡村振兴的监管问题会出现各种风险和漏洞。

二、农村金融服务体系不够完善

我国针对乡村振兴战略设计的一系列服务机构和服务组织体系不够完善。农村金融服务机构设立的目的是更好地助推乡村振兴，需要为我国"三农计划"的发展奠定良好的金融基础。根据我国颁布的《关于金融服务乡村振兴的指导意见》相关政策，金融机构在不断发展的过程中，应当针对农村和农业现代化建设设计出一系列有针对性的金融产品和服务模式，这样才能确保农村金融对乡村振兴起到支撑作用。

农业发展银行为中央金融企业，是直属国务院领导的中国唯一的一家农业政策性银行，但是由于自身的定位问题，农业发展银行只对部分涉农企业进行定向贷款，而农户个人贷款还没有开放。相比之下，在乡村振兴战略中，农户个体对于农业贷款的需求更大，但是却又无法从政策性银行解决这一问题。同时，农业发展银行所能提供的贷款普遍周期较短，并不利于农业企业的日常生产和经营活动。

农业银行对涉农贷款的投放比例正在进行下调，这种政策性的调整目的是降低不良资产占比，防范可能出现的各种金融风险，然而这种调整直接导致农业银行对农户的个人信托服务体量缩减，金融体系的业务重点也逐渐从农业转向非农产业，甚至还有一些农业银行自身业务重心和服务对象正在向城市进行转移，一部分农业网点被撤并。这种情况进一步减缩了农业银行对乡村振兴战略的扶持作用，再加上全国各地农业银行在支持乡村振兴战略和现代化农业发展过程中，出现过大量的历史欠账和坏账，因此对农村金融、个人信贷等一系列业务的投放力度进一步缩减，导致对我国农村金融体系的建设和完善支持力度非常有限。

三、农村金融系统发展速度缓慢

农村信用社作为一直以来我国农村金融体系的核心力量，从 2003 年逐渐实行金融改革后，自身的体制得到了一定的改善，业务体系中的不良贷款占比逐渐减少。由于农村信用社和农民之间天然拥有良好的合作关系，因此占据了农村业务的最大比重，服务范围也从最基础的农业贷款逐步拓宽到其他领域。从另外一个角度来讲，农村信用社在我国农村金融系统中的地位太高，甚至在很多地区都存在垄断的情况，而这种垄断本质上并不利于我国"三农"体系的发展，也无法真正发挥乡村振兴战略的根本目的。同时，一部分农村信用社的发展和体系改革也逐渐将目光从农村逐渐转向城市，从以往的扶持农村发展变得更加注重商业项目盈利，这种政策和定位的改变，势必会导致农信社对乡村振兴战略的扶持减弱，影响农村现代化金融体系的建立。

与农村信用社正好相反的是我国邮政储蓄银行，邮政的金融体系对农村的涉农带框项目经验并不丰富，信贷产品的设计和种类较少。同农村信用社相比，其市场份额占比较少，虽然邮政储蓄也属于我国政策性银行之一，也对农村金融的供给相对开放，但是由于邮政储蓄银行本身的业务主体、管理模式和经营理念和乡村振兴战略的适配度不高，因此一直没有很好地完成对涉农贷款的业务搭建和体系拓展。

相比于银行和各种金融信贷机构，我国农村对于其他金融产品的认知和接受程度更低。比如，保险、证券、股票、期货等金融形势在我国大部分农村的发展都存在明显滞后性，与常规的金融信贷模式相比，一直都没有发挥出其金融属性。上述一系列金融产品的设计在面对农村环境和城市环境时存在显著差异，而这种基本逻辑和思路的不同，反而是影响其在农村正常发展的核心原因。比如，保险公司之所以在农村的发展较为缓慢，并不是因为农民对保险的信任度不够，而是由于保险公司在农村的商业性保险赔付率一直居高不下。与城市业务相比，保险公司的保险理赔额度更高、骗保率更高，在这种背景下商业性质的保险产品必然发展缓慢。

另外，保险公司没有对农村银行信贷项目提供风险保障的能力，这就直接影响了其介入现代化农村金融体系的可能性。保险对乡村振兴信贷的支持力度缺乏，银行就需要面对更大的金融风险，而农业本身存在的巨大风险又会影响金融机构在乡村振兴项目中的资金投放比例，最终在各方的共同干预下，形成了我国农村金融系统发展缓慢，并存在各种漏洞的现状。

第三节　金融支持与乡村振兴发展的机遇与挑战

一、金融体系发展的机遇与挑战

长期以来，农村相比于城市而言，其金融体系的建设和发展进程存在明显的滞后性，但是在我国提出乡村振兴战略后，全国各地乡村涌现出了大量有关乡村的工作和项目，这些项目包括乡村住宅和基础设施建设、水电工程、网络工程及其他各类别的项目，这些项目的总体融资量巨大，也为乡村金融体系的发展带来了全新的机遇。

同时，乡村金融体系的建设绝非一朝一夕能够实现，不论是哪一类的金融机构，在进行项目投资时都会以项目的回报率和具体的盈利情况作为参考。在面对一部分投资金额较大且资金回收周期更长的乡村振兴项目时，作为银行本身需要考虑的情况更多。另外，大部分银行的业务流程层级复杂，大金额的项目投资需要很长的办理周期，一部分村镇建设项目对资金的迫切需求，使两者之间存在难以及时匹配的难题。在现有的乡村振兴项目融资模式下，国有银行或者商业银行往往难以顺利地介入这些项目中。反观一部分农村信用社或者农村商业银行，又存在融资能力不足或者网点铺设不够全面的情况。同时，这些农村金融机构在对很多项目进行投融资时也存在专业能力不够，或者缺少专业人才、团队等问题。这些情况对于银行介入乡村振兴的战略发展和项目架构而言，都存在一定的难度，参与方式和深度都有待提高。

二、金融服务信息化面临挑战

现代化的银行金融业务和传统业务有很大差异，尤其是一系列信贷业务对信息化技术的依赖程度非常高。银行需要信息化渠道来了解申请信贷用户的个人信息，需要通过大数据技术来分析其信贷能力，但是在我国农村金融体系中，信贷信息的不透明和不对称，直接影响了银行金融信贷业务的开展。随着我国通信技术、互联网技术的飞速发展，部分农村的信息化程度有所提高，金融科技化问题也有所改善。虽然在一定程度上解决了信息不透明和不对等的问题，但是却并没有从根本上打破金融服务信息化面临的问题和障碍，这不仅为我国金融行业在农村的发展提出了问题和挑战，同时也是影响我国现代化农业建设和乡村振兴战略实施的关键要素。

金融服务需要的信息化数据需要一个漫长的信息积累过程，在此期间银行需要积累各个乡村经营主体的信用和信息，同时还需要掌握乡村经营主体的区域分布情况、经营情况、遇到的各种问题和自身信贷能力等等。不可否认的是，我国农村金融服务所面临的信息资源远不足以支持乡村振兴时代经营主体解决融资的根本问题。

三、农村金融风险分担机制的挑战

我国在开展乡村阵型战略的同时，也在积极推进有关土地承包经营权、林权、养殖权、集体建设用地使用权等多项抵押贷款工作，这些金融模式的不断推广，核心目的是帮助农民放大资产效应，达到盘活新农村经济资金水平的目的，同时有意识地减少金融机构再贷款过程中可能遇到的各种不确定性。[①]从金融角度来讲，这种行为的目的是更好地进行风险对冲，解决农民或者农企贷款问题，进一步促进我国农村金融体系的发展。

然而，各种农村权力的贷款模式在我国仍然处于起步阶段。在摸索其合理性和可操作方式时，缺少信用担保，缺少物权交易等一系列配套措施，最终会导致个金融机构对各种权力的评价体系和评估结果存在较大差异。对分散信贷风险和压力的保险体系的相关措施不健全，也会直接导致农户担保公司和金融机构三者之间无法形成一致性。想要解决问题，就需要梳理三者之间的融资关系和规范性，并且完善融资机制和风险分担机制。这样才能最大限度地降低我国农村金融体系建设和发展环境面临的根本问题。

第四节　金融支持乡村振兴发展的注意事项

一、持续强化乡村精神

所谓的乡村精神，就是实现乡村振兴的目标精神。正是因为有了乡村精神，乡村振兴战略才具有充足的动力和可持续性。乡村精神的源头是农民对家乡的依恋和热爱，是农民对参与本地公共事务的积极性，因此金融体系的建设和对乡村振兴战略的支持，也必须拥有乡村精神。作为金融专业人士，在面对日益空心化的村镇，面对缺少金融理念的村民，面对传统农业高风险低收益的现状时，需要站在助力乡村振兴的角度，帮助农民摆脱现实问题和现有困境。[②]金融体系在支

---

① 张晓蕾，王冬青. 我国乡村振兴金融支持对策研究 [J]. 山东农业大学学报：社会科学版，2020，22（3）：5.
② 吴盛光. 金融支持乡村振兴的借鉴与启示 [J]. 青海金融，2018（7）：5.

持乡村振兴、塑造乡村精神时，要总结之前工作中走过的弯路。从业人员要具备强烈的乡村精神，并将涉农金融从工作转变为热爱，才能真正实现服务下沉、服务落地，将乡村振兴作为核心事业真正参与到乡村振兴建设中。

二、重点发展乡村振兴产业链金融

乡村振兴战略的核心任务是打造兴旺的农村产业。很多乡村振兴项目的主要切入方式是通过金融体系对产业链进行整合，促进农、林、牧、渔等不同产业及生态的有机结合，将种植、养殖、销售融为一体。所谓产业链金融通常是指通过对农业上下游产业进行优势资源整合，借助相关企业和农户的信用，通过保险公司、担保机构及信贷组织对涉农金融机构、农业产业链上的不同主体提供具有特色的金融服务项目。在这种模式下，乡村金融机构需要对本地农业体系的发展足够了解。要明确不同区域农业产业链的起止点，对不同产业的主体构成、各种农产品的生产加工流程、产销一体化的关键节点进行掌握。对农户和企业所拥有的现金流、信息流、物流活动特征进行归纳和总结。综合上述内容，应重点了解产业链各个节点的实际金融需求，再结合农户或企业自身的融资意愿，规划出有针对性的金融产品。

而产业链金融在我国的开展则需要由政府牵头，借助政策性银行或金融机构设计完整的金融产品，制定合理的利率，避免定价差异化。同时，还需要根据农业生产整个过程中存在的季节性特征、环境特征和地域性特征，提供个性化的金融服务，设计合理的金融产品。比如，农忙时节金融机构向农户或企业提供信贷资金支持，而这种信贷产品的结算模式也需要和农业产业链进度相匹配，可以将结算时间定在农作物收获的季节，这样才能更好地凸显产业链金融的优势和特性，也更加符合乡村建设体系下农业发展的机械性规律。

三、重视绿色农业金融模式的发展

绿色农业是生态宜居的初级阶段，也是乡村振兴战略实现的主体。

目前，随着我国农业供给侧结构的不断改革、绿色可持续农业的高质量发展，金融体系对农业的支持导向和支持力度也发生了改变。对乡村旅游项目、休闲农业项目、农业新产业等项目均出台了需要符合环保标准的规定，而农村绿色信贷和差别信贷政策对绿色农业金融模式的发展也起到了支持作用。随着我国"碳达峰""碳中和"战略的推广的执行，各种绿色债券、绿色保险、绿色期货都成了绿色金融系统普遍使用的工具。通过这些工具为农村绿色企业营造了大量的融资服务和金融产品，这种模式也无疑降低了农户个人和企业融资成本。另外，绿色农业也是消费者最适合介入乡村振兴发展的渠道，各种采摘园和"认养一头牛"等模式，也激发了民间资本和消费者的投资热情，使得公众参与成为乡村振兴金融体系的重要渠道之一。

四、努力构建乡村文化金融体系

将文化概念和金融体系进行结合，同样是乡村振兴战略的灵魂。

目前，尽管我国乡村振兴战略在逐渐深入，但很多农户还不具备基础的金融知识，对待各种新型农业生产经营的模式认知还处于空白阶段，对于如何加入金融信贷体系还缺少适合的门路。因此，想要解决上述问题，就需要在文化金融体系中优先对新型农业生产经营主体带头人进行培训，通过榜样的力量由带头人组织其他农户进行学习。

文化金融体系的概念不仅涉及新型农业产业经营生产模式，还应该添加国家级、省级强农、惠农政策及大量的新型金融产品贷款条件，并且对农民进行最新行业发展趋势和风险意识培养，而这些都需要乡村金融机构和乡镇政府共同完成。可以由乡村金融机构设立专门的金融宣传员和金融辅导员，由政府委派相关人员进行证明，这样才能打消农户的疑虑，提高对金融机构的信任程度。

乡村文化金融体系建立的最终目的是将新型农业经营主体吸纳到我国农村社会征信体系中，并推动信用评价结果在金融机构贷款审核和管理中的作用。

我国金融贷款体系在农村的推广和发行之所以会遇到很多问题，就是其本身的信息化程度不够而导致的。而文化金融体系的建立，就是由政府作为主导，金融机构作为辅助，重新评估和农户及企业之间的关系，建立良好的制度，定期公开曝光黑名单，构建完善的惩戒机制，增加金融信贷体系领域成本，对逃废金融债务的农户和企业进行严厉打击。

五、大力发展科技金融理念

在乡村振兴体系中，科技金融的应用离不开互联网络的辐射。我国乡村振兴战略当中的三站式融合，目前仍然处于1.0的初级阶段，但是我国互联网技术、通信技术的发展速度飞快，农村在互联网络使用环节也表现出了强大的潜力。因此，大量的农户和企业能通过互联网自发地了解到乡村振兴战略的相关内容，很多农户也在积极规划加入乡村振兴体系的有效策略。

另外，乡村振兴科技金融体系还包含建立助农取款站、金融扶贫站、电商服务站，其中金融扶贫站最重要的作用是采集村民信用信息，对符合我国农业金融体系标准的村民进行授信，并提供一定额度的无抵押贷款，满足其最基础的农业生产资金需求。与全商业贷款相比，这种助农性质的贷款有着低利率、随借随还、审批快速、周期性短的特点。而对助农取款站，主要解决的是如何提高提现额度等一系列问题，可以将其金融体系与农民日常生活进行有机关联。将农民日常生活和缴费的内容纳入助农体系中。比如，水电费、网费、电话费、取暖费等一系列业务，都能够形成助农取款项目的服务延伸。

最后则是电商服务站的建立。该项目是基于我国飞速发展的电商体系及乡村振兴战略和电商销售模式两者之间天然的结合优势。电商加信贷的金融服务体系，不仅是世界各国都在积极探索的网络贷款新融资方式，而且电商加信贷金融服务的渠道还实现了手机快速支付、网上快速支付等新型支付模式，真正解决了金融服务体系进村到户的问题。另外，电商加金融平台的服务体系也为我国农村金融电商平台的区域性建立奠定了良好基础。与线下金融体系不同，电商加金融模式能有效地突破区域性限制，真正拓宽了农业融资的渠道，为农户和农企提供最大限度的便利。

参考文献

[1] 赵晓峰，马锐.乡村治理的理论创新及其实践探索——"落实乡村振兴战略，推进乡村治理体制机制创新"研讨会综述[J].中国农村经济，2019（2）：6.

[2] 丁忠明，冯德连，张廷海，等.变迁与创新：乡村振兴战略的本土逻辑与高质量推进——兼论小岗村的乡村振兴实践[J].财贸研究，2021，32（4）：15.

[3] 陈美球，王庆日，蒋仁开，等.乡村振兴与农村产业用地保障：实践创新、实现路径与制度安排——"农村产业用地政策创新与乡村振兴"研讨会综述[J].农林经济管理学报，2018（3）：343-349.

[4] 董煌标，潘宁宁，南金琼.乡村振兴战略背景下的村庄建设规划编制探索与实践——以浙江省温州市洞头区村庄建设规划为例[C]//2018中国城市规划年会，2018.

[5] 南英.乡村振兴战略与高校"三下乡"社会实践活动创新研究[J].科技风，2021（3）：129-130.

[6] 陈泠璇.乡村振兴战略的解读[J].农家参谋，2018（11X）：2.

[7] 农民日报.补齐农村人居环境短板 扎实推进美丽宜居乡村建设——《乡村振兴战略规划》解读（一）[J].国土资源，2018.

[8] 李文学.关于实施乡村振兴战略的几点思考[J].理论观察，2021（2）：21-23.

[9] 杨永峰，袁军，朱耀军，等.乡村振兴战略实施背景下的湿地生态经济区建设构想[J].湿地科学，2019，17（3）：9.

[10] 杜伟，黄敏.关于乡村振兴战略背景下农村土地制度改革的思考[J].四川师范大学学报（社会科学版），2018（45）：12-16.

[11] 李丽君.关于实施乡村振兴战略的思考[J].中文科技期刊数据库（全文版）经济管理：00026-00026.

[12] 张红宇.理解把握乡村振兴战略的时代意义[J].农村工作通讯，2018（8）：3.

[13] 闫政东.实施乡村振兴战略的意义、原则与路径[J].乡村科技，2018（25）：2.

[14] 秦中春.实施乡村振兴战略的意义与重点[J].新经济导刊，2017（12）：6.

[15] 高兴明.实施乡村振兴战略要突出十个重点[J].南方农业，2018（13）：44-46.

[16] 马义华，曾洪萍.推进乡村振兴的科学内涵和战略重点[J].农村经济，2018

（6）：6.

[17] 郭志峰．乡村振兴背景下农业经济管理的问题及对策研究——评《农业经济管理》[J]．植物检疫，2020，34（6）：1.

[18] 姜晓东．信息化在促进乡村振兴与提高农业经济管理效能中的作用[J]．南方农业，2021，15（15）：113-114.

[19] 储咏琴．乡村振兴背景下农业经济发展面临的机遇和应对[J]．中国科技投资，2021（23）：2.

[20] 汤丽丽．乡村振兴进程中农业转型升级的时代取向与实现[J]．农业经济，2019（2）：3.

[21] 程静，冯永泰．乡村振兴与农业现代化发展探析[J]．理论视野，2021（4）：6.

[22] 王朝才．发展农村集体经济，助力乡村振兴和农业现代化[J]．当代农村财经，2021（1）：1.

[23] 文丰安．乡村振兴战略与农业现代化治理融合发展：价值、内容及展望[J]．高等学校文科学术文摘，2020，37（6）：1.

[24] 孙洪录，梁丽英．乡村振兴战略与农业现代化治理融合发展探究[J]．江西农业，2020（18）：2.

[25] 郑瑞强，翁贞林，黄季焜．乡村振兴战略：城乡融合，要素配置与制度安排——"新时代实施乡村振兴战略与深入推进农业供给侧结构性改革"高峰论坛综述[J]．农林经济管理学报，2018，17（1）：6.

[26] 曹群，张恩英，刘增凡．农村一、二、三产业融合促进乡村振兴的支持政策研究[J]．商业研究，2022（4）：8.

[27] 塔娜，云卿，安世文．新形势下我国农村金融发展的相关问题浅探[J]．金融经济：下半月，2015.

[28] 张家慧．农村金融发展对农村经济增长的影响[J]．消费导刊，2019.

[29] 曹协和．农村金融理论发展主要阶段评述[J]．财经科学，2008（11）：9.

[30] 杨小华，廖开兰．新时期高校思政教育助力乡村振兴实践探索——评《乡村振兴与高校人才培养模式创新》[J]．中国农业气象，2022，43（7）：1.

[31] 刘银行，李雨．乡村振兴背景下商业银行农业产业链金融服务模式研究[J]．金融理论与实践，2019（9）：7.

[32] 李波，薛华菊．乡村振兴背景下乡村旅游发展影响因素与模式研究——以青海省为例[J]．农村经济与科技，2020，31（5）：4.

[33] 周涛，王娟．农产品加工产业集群模式研究[J]．工业技术经济，2009（11）：3.

[34] 胡坤，项喜章．农产品加工产业集群模式分析[J]．农产品加工（下），2011（1）：100-103.

[35] 刘西涛，王盼.乡村振兴视角下农产品全产业链流通模式构建及协同发展策略[J].商业时代，2021（11）：122－125.

[36] 陆明慧，樊传果.基于文化创意视角的农产品品牌形象包装设计研究[J].戏剧之家，2018（24）：2.

[37] 范厚明，田也.谈生鲜农产品电商物流配送模式的改进[J].商业经济研究，2015（35）：3.

[38] 张京卫.电子商务条件下农产品物流发展研究[J].广东农业科学，2007（5）：4.

[39] 赵红梅.电子商务环境下村镇农产品物流的配送模式与推行策略[J].商业经济研究，2016（10）：3.

[40] 吴晓行.南京市智慧农业发展现状及对策探析[J].江苏科技信息，2017（3）：5.

[41] 赵春江.智慧农业发展现状及战略目标研究[J].中国农业文摘—农业工程，2019，36（6）：14-17.

[42] 马永海，胡庆毅，杨立凡，等.智慧农业发展现状及前景分析[J].现代农业研究，2021，27（11）：11－15.

[43] 刘建波，李红艳，孙世勋，等.国外智慧农业的发展经验及其对中国的启示[J].世界农业，2018（11）：4.

[44] 闵万里.国内外智慧农业发展现状和未来投资机遇[J].新经济导刊，2021（4）：5.

[45] 史红彦，荆莹莹.乡村振兴战略下周口市智慧农业发展现状及对策[J].南方农业，2019，13（6）：2.

[46] 刘芳.乡村振兴战略下的智慧农业发展路径研究[J].智慧农业导刊，2021，1（10）：4.

[47] 张玲，刘芳.乡村振兴战略下中国智慧农业发展的现状、问题与对策研究[J].智慧农业导刊，2021，1（9）：22-26.

[48] 王峰.绿色农业种植技术的概念以及推广策略研究[J].农业开发与装备，2016（10）：1.

[49] 梁尤军.绿色农业与可持续发展的概念界定思考[J].农家科技旬刊，2017（3）：9.

[50] 谭湛琪.浅谈如何推进绿色农业发展助力乡村振兴战略[J].新丝路，2021（2）：1.

[51] 汪秀联.乡村振兴背景下绿色现代农业发展现状与对策研究[J].黑龙江粮食，2022（5）：3.

[52] 胡丽丽.乡村振兴战略下的陕南绿色农业发展研究[J].安徽农学通报，2020，26（11）：4.

[53] 钟璐遥. 乡村振兴战略下发展绿色农业的思考[J]. 新农民, 2020（6）：2.

[54] 尹成杰. 实施乡村振兴战略要坚持走绿色发展的路[J]. 农村工作通讯, 2018（2）：2.

[55] 王丽, 商兆慧. 乡村振兴战略下岱岳区农业产业化发展现状及优化措施[J]. 农业工程技术, 2022, 42（18）：2.

[56] 王艳. 乡村振兴战略背景下农业专业合作社的发展建议[J]. 世界热带农业信息, 2020（5）：1.

[57] 李杨. 乡村振兴战略背景下生态农业发展模式构建对策探索[J]. 中国民商, 2021（11）：30.

[58] 冯蕾. 村镇银行服务乡村振兴的创新实践与思考[J]. 商情, 2020.

[59] 陈美球, 王庆日, 蒋仁开, 等. 乡村振兴与农村产业用地保障：实践创新、实现路径与制度安排——"农村产业用地政策创新与乡村振兴"研讨会综述[J]. 农林经济管理学报, 2018, 17（3）：7.

[60] 朱虹. 苏州乡村旅游发展中的问题与对策研究[D]. 南京：南京农业大学, 2012.

[61] 王越, 康萍, 赵英杰. 森林生态旅游发展路径的分析[J]. 森林工程, 2022（38）：3.

[62] 黄祖辉, 宋文豪, 成威松, 等. 休闲农业与乡村旅游发展促进农民增收了吗？——来自准自然实验的证据[J]. 经济地理, 2022, 42（5）：10.

[63] 严海涛. 农业现代化背景下乡村旅游发展路径探索——评《乡村振兴战略与乡村旅游发展》[J]. 中国农业气象, 2022, 43（1）：81.

[64] 宋增文, 陈瑾妍, 贺剑, 等. 乡村产业振兴背景下资源依托型特色村乡村旅游发展路径研究——以祁杨村为例[J]. 中国农学通报, 2022, 38（6）：7.

[65] 丁龙庆, 胡茂胜. 新型城镇化与乡村旅游协同发展的基础与路径[J]. 黑河学院学报, 2022, 13（1）：57-59.

[66] 陈融. 乡村旅游背景下特色农业转型升级路径研究——以永泰县白云乡为例[J]. 农业灾害研究, 2020, 10（6）：3.

[67] 闫焱. 文创视角下的乡村旅游项目策略[J]. 云南建筑, 2019（1）：6.

[68] 本刊编辑部. 乡村旅游贵在特色与深度开发[J]. 农家致富, 2012（17）：1.

[69] 王晓东. 乡村旅游项目投资决策体系评价——以洛阳某项目为例[J]. 山西农经, 2022（15）：4.

[70] 刘竞文. 绿色发展与田园综合体建设：模式、经验与路径[J]. 世界农业, 2018（2）：7.

[71] 张春波. 田园综合体的发展模式与建设思考[J]. 建材与装饰, 2018（14）：2.

[72] 赵勇强，马明，赵莉莉，等.国土空间规划背景下田园综合体创新模式与发展路径探究——以内蒙古土默特右旗大雁滩田园综合体为例 [J].西北师范大学学报（自然科学版），2021, 257 (4): 93-100, 127.

[73] 张学勇，旷颉，楼梅竹.田园综合体发展模式及规划路径探讨——以赤峰市红山田园综合体为例 [J].规划师，2019, 35 (9): 6.

[74] 孔祥智，张效榕.从城乡一体化到乡村振兴——十八大以来中国城乡关系演变的路径及发展趋势 [J].教学与研究，2018 (8): 10.

[75] 纪德奎.乡村振兴与教育发展（笔谈）——乡村振兴战略与城乡义务教育一体化发展 [J].教育研究，2018, 39 (7): 4.

[76] 丁建军.乡村振兴要与新型城镇化联动 [J].中国乡村发现，2018 (1): 5.

[77] 杜栋，王蕾，傅柱.乡村振兴与新型城镇化联动的思路与研究框架 [J].财政科学，2019 (7): 6.

[78] 吴盛光.金融支持乡村振兴的借鉴与启示 [J].青海金融，2018 (7): 5.

[79] 付美慧.金融支持乡村振兴的实践与思考——以依兰县为例 [J].黑龙江金融，2019 (5): 3.

[80] 王曙光，王丹莉.乡村振兴战略的金融支持 [J].中国金融，2018 (4): 2.

[81] 余春苗，任常青.农村金融支持产业发展：脱贫攻坚经验和乡村振兴启示 [J].经济学家，2021 (2): 8.

[82] 傅兆君，张文杰.服务乡村振兴战略的农村金融供给保障研究 [J].南京邮电大学学报：社会科学版，2020, 22 (4): 9.

[83] 何艳太.金融支持乡村振兴发展问题探析——以朔州市为例 [J].银行家，2020 (8): 3.

[84] 胡晓芬，雷小宁.新形势下金融支持乡村振兴的举措 [J].金融博览，2021 (17): 2.